Yvonne Keuls

Slepend huwelijksgeluk

Ambo/Amsterdam

De in deze bundel opgenomen verhalen werden eerder
gepubliceerd in *Keulsiefjes*

Eerste druk februari 2000

ISBN 90 263 1650 x
Copyright © 2000 by Scenario Drama Productions
Foto omslag: Robert Collette
Ontwerp omslag: Marry van Baar

Verspreiding voor België:
Verkoopmaatschappij Bosch & Keuning, Antwerpen

Inhoud

I

Slepend huwelijksgeluk

Slepend huwelijksgeluk

Voor een herenmodezaak staat een ouder echtpaar stevig gearmd de etalage te bekijken. 'Dat is nou een leuk pak voor jou,' zegt de vrouw, 'niet te druk en niet te duur en je kan je blauwe das er bij dragen en je zwarte schoenen en dan hou je dit pak wat je nu aan hebt voor bij de deur…'

Het gezicht van de man vertoont weinig enthousiasme. 'Ik had eigenlijk gedacht zo'n pak als van Willy,' zegt hij, 'een beetje een lichtere tint en een beetje wat dunner, dat hebben ze toch tegenwoordig, van die zomerpakken.'

'Ach wat een onzin,' zegt de vrouw, 'wanneer hebben wij nou zomer… wat heb je aan zo'n pak dat het hele jaar in de kast blijft hangen en als het warmer is trek jij tóch je jasje uit…'

'Ja, maar dat trek ik dus uit omdat mijn pak te dik is en dat hoef ik dus niet uit te trekken als dat jasje dun is…'

'Laten we nou toch es even gaan kijken binnen, misschien is dat pak helemaal niet zo dik, we kunnen het toch even voelen…'

De man blijft stokstijf staan en zegt: 'Toch vind ik dat leuker, zo'n pak als van Willy…' maar de vrouw loopt resoluut naar de deur en omdat hij aan haar vastzit staat hij even later toch in de winkel. En voor ik het weet, sta ik ook in de winkel, met het smoesje dat ik even wat rondkijken wil.

De verkoper, met een centimeter om de hals, taxeert met vakkundige blik dat hij met een maat 53 te maken heeft en luistert vervolgens naar de wensen die de vrouw op de toonbank legt. Dan wijst hij met geopende hand naar een kledingrek en zegt: 'Wilt u mij volgen alstublieft en als mevrouw dan even wil plaatsnemen dan zal ik zien wat ik voor u doen kan.'

Mevrouw neemt hoopvol plaats en meneer blijft staan met een gezicht van: Toch wil ik zo'n pak als van Willy. Op aanwijzingen van mevrouw komt de verkoper met twee pakken aan, het etalagepak en nog een andere trieste aangelegenheid. De rillingen vliegen meneer over het lijf 'Nee, nee, nee,' roept hij, 'zoiets heb ik al, ik wil iets lichters, ik wil iets…'

'Trek het nou even aan,' snerpt de vrouw, 'je kan het toch pas zien als je het aan hebt…'

Een beetje lamlendig hangt hij in het etalagejasje naar zijn spiegelbeeld te kijken terwijl de verkoper op zijn rug de stof naar elkaar toe trekt. 'Deze plooi kan onder de kraag weggewerkt worden,' zegt de verkoper, 'en de mouwen moeten iets korter. De kleur staat u uitstekend, ik zou zeggen, past u de broek even aan…' De verkoper laat de plooi los en de meneer staat daar ineens als een verzopen kat. 'Heeft u niet zoiets maar dan lichter?' probeert hij. Emotieloos kijkt de verkoper hem aan. 'Ik heb een zeer gevarieerde collectie meneer, maar uw vrouw vraagt om deze pakken…'

'Trek nou even die broek aan,' roept mevrouw, 'je kunt toch niet oordelen als je die broek niet aan hebt…'

'Ik zou zeggen, trekt u even die broek aan meneer…' zegt de verkoper en met de broek over zijn arm gaat de meneer voor naar een kleedkamer.

Bijkans nog verzopener komt meneer daar even later weer uit. De broekspijpen golven over zijn kousenvoetjes en met één hand op zijn bil geeft hij de plaats aan waar het spant. 'Dat is een kwestie van één naad,' troost de verkoper, 'die kan er uit, dat is geen probleem en de pijpen kunnen vanzelf korter…'

'Doe je schoenen dan toch aan,' roept de mevrouw, 'zo kun je toch geen pak passen…'

'Ja maar die broek is te groot,' zegt de meneer, 'hij zit me niet goed, hij is te groot…'

'Deze maat zult u toch moeten hebben meneer, in verband met de omvang van de maag…' De meneer kijkt sip naar zijn maag waar de verkoper de centimeter omheen legt. 'Tja…' zegt de verkoper, 'net wat ik zeg… het ís uw maat…'

'Doe je schoe-nen dan aan…'

'Ik trek eerst even dat andere pak aan…' zegt de meneer en hij verdwijnt in zijn kleedkamer om daar even later geheel depressief uit te voorschijn te komen. 'Dit is het ook niet,' zegt hij, 'ik heb zo genoeg van die donkere pakken, ik schei d'r mee uit, zo'n pak als van Willy wil ik, een beetje licht, heeft u dat niet, een beetje licht, een pak dat een beetje licht is?'

'Een beetje licht…' herhaalt de verkoper, 'natuurlijk meneer, er hangen hier diverse pakken een beetje licht… zegt u het maar… blauw, groen, grijs, geruit, gestreept… wat hier hangt is uw maat, kijkt u zelf maar even…'

De meneer zoekt in het rek terwijl de mevrouw met een verfrummeld mondje de zaak op afstand goed in de gaten houdt.

'Je bent ook zo'n doordrijver hè,' zegt ze, 'je weet best dat een licht pak je niet staat, daar heb je de leeftijd niet meer voor en het figuur niet, ik draag toch ook geen lichte kleren meer…'

Triomfantelijk houdt hij een licht pak omhoog. 'Kijk, dít bedoel ik… met twee snitjes er in en een beetje sportief…' en bijna dansend gaat hij de kleedkamer in.

Met de armen over elkaar wacht de vrouw af hoe hij er uit zal komen. De verkoper heeft zich bij de toonbank in veiligheid gebracht.

Dan gaat het gordijn open. De broekspijpen golven weer over de kousenvoetjes. De bilnaad spant. Onder de nek zit een plooi. De mouwen zijn te lang. Maar zijn gezicht spreekt van de glorie der kruisridders en van de wagneriaanse reinheid der Alpen als hij zegt: 'Ik néém het... dit is net zo'n pak als van Willy...'

Markt

'Ja, wat wil je nou…' zegt de meneer in lijn 12, 'wél naar de markt of niet naar de markt… als je wél wil, moet je nu uitstappen en er niet langer over door blijven mekkeren…'

De mevrouw tegen wie hij het heeft, staat inderdaad mekkerend op en wurmt zich naar de uitgang. Meneer erachteraan en ik weer achter hem aan, want toevallig moet ik ook naar de markt. We gaan samen de zebra over.

Bij het eerste standje staat mevrouw stil en zegt: 'Ja, wat doe ik hier eigenlijk… waarvoor moeten we nou naar de markt, we zijn toch zeker gisteren net geweest, ik heb helemaal niks nodig…'

Nou krijgt ze een draai om d'r oren, denk ik, maar nee… meneer heeft kennelijk net de groepscursus 'Hoe houd ik haar speels en gezond' achter de rug en leidt zijn emoties in banen.

'Schat…' zegt hij, 'je zei zonet: als we vroeg zijn dan wil ik nog even naar de markt, dat zei je zonet toen we bij Annie waren…'

'Bij Annie…? We zijn helemaal niet bij Annie geweest. Bij Lénie zul je bedoelen…'

'Nou ja, bij Lenie dan… je zei je wou nog even een plantje kopen…'

'Ik wil helemaal geen plantje kopen… een táárt wou ik kopen…'

'Nou ja, een taart dan… voor de verjaardag van Bea…'

'Helemaal niet voor Bea… voor Hérman… en hij is niet jarig ook…'

Hij zucht. 'Nou ja… dan zit die 12½ jaar bij de zaak…'

'Vijfentwíntig zal je bedoelen…'

Ze lopen door naar het volgende standje waar ze een schoen uit een rekje haalt.

'Moet je zien…' zegt ze, 'zou ik die passen, denk je?'

'Trek 'em dan aan, dan weet je het…'

Ze stapt uit haar rechterschoen en probeert de nieuwe om haar mollige voet te krijgen. Het lukt ten slotte en ze gaat staan, haar gewicht van links naar rechts verplaatsend. 'Wat vind je van die bruine kleur?' zegt ze.

Hij kijkt landerig. 'Wel leuk… Léuk zelfs…' zegt hij.

'Leuk??' vraagt ze. Ze kijkt heel lang naar haar voeten en grijpt dan de tweede schoen. 'Die dan ook maar even passen, hè…' zegt ze.

Zwijgend tilt ze één voor één haar voeten op. 'Wat vind je er van?' zegt ze weer.

'Zei ik toch… leuk…'

Ze haalt haar neus op, doet dan de schoenen weer uit en legt ze terug in het rek. 'Ze zijn wel leuk,' zegt ze, 'maar ik vind ze zo bruin…'

Hij geeft geen kik en ze lopen door naar het volgende standje.

'Hoe zit het,' zegt hij, 'gaan we nou nog naar Piet morgenavond?'

'Niks naar Piet… naar Hannie gaan we…'

'Helemaal naar Rotterdam?'

'Welnee, ze zit toch hier bij d'r tante, weet je dat dan niet?'

'Bij die tante, die zo ziek is? Woont die niet op de Erasmusweg?'

'Welnee, in Scheveningen en ze is niet ziek ook… ze is pas verhuisd, ze heeft ons nog zo'n codekaart gezonden…'

'O ja…' zegt hij, 'en ze woont nou samen met die vent van die drankwinkel…'

'Kom je dáár nou bij, drankwinkel… drogisterij heeft die…'

'Oh…' zegt hij en hij denkt even na, 'oh… nou ja… dan maar een drogisterij.'

'En hij heet Johan…'

'Oh…' zegt hij weer.

'En zíj… die tante van Hannie dus, die heet Corrie… onthou dat nou, anders noem je ze weer Toos en Kees of weet ik veel… Johan en Corrie heten ze dus…'

'Johan en Corrie…' herhaalt hij.

Ze haalt weer hard haar neus op en wijst dan plotseling naar links. 'Hé… zie je dat… leuke schorten vind je niet… zouden die mij passen denk je?'

'Trek er dan een aan…'

'Over mijn jas zeker…'

'Doe je jas dan uit…'

Ze trekt haar jas uit en legt hem over zijn arm. Daarna wipt ze een schortjurk van een knaapje en probeert zich daar in te klemmen. Ze zit muurvast en hij houdt wijselijk zijn mond dicht. Voorzichtig schuifelt ze heen en weer en zegt: 'Ik moet me natuurlijk wél er in kunnen bewegen…'

'Ja…' zegt hij.

Ze schudt haar schouders heen en weer. 'Zit het te strak?' vraagt ze hem, 'nou, zég dan wat…'

'Nou ja… te strak… dat moet je zelf voelen…'

'Of vind je het te bloemig voor me… te veel rood er in of zo…'

'Te veel rood ja, volgens mij kan je beter bruinig nemen.'

'Bruin is weer zo bruin…' zegt ze, 'ik heb altijd bruin, nee, geef m'n jas maar… ik ga nog effe bij de koppies kijken…' Ze sjokken verder. Bij de 'koppies' wijst ze er eentje aan waarop ze kennelijk al eerder haar zinnen heeft gezet. 'Hé, kijk es,' zegt ze, 'ze zijn er weer…' en dan tegen de koopman: 'Heb je d'r nou wél zes? Gisteren had je der maar éne, weet je wel?'

'Ja,' zegt de koopman, 'ik heb weer nieuwe binnen gekregen, maar je moet wel snel zijn want ze vliegen de pan uit…'

'Nou, geef er dan maar zes… en apart inpakken hè, anders kom ik thuis en dan zijn ze gebroken…' En tegen haar man: 'Ach, betaal jij effe, zesmaal een rijksdaalder, ga ik daar nog even een stukje kaas halen…'

'Ze zijn 2,75…' zegt de koopman.

'Hoe kan dat nou?' zegt ze, 'gisteren waren we hier ook en toen kostten ze een rijksdaalder…'

'Ja, kijk es meid,' zegt de koopman en hij rolt het eerste kopje in een vloeitje, 'gisteren is gisteren… en vandaag is vandaag… en dat noemen ze dan met een heel duur woord *inflasie*…'

Zoutloos azijn

Omdat de hond door een communicatiestoornis drie ons biefstuk op zijn bord heeft gekregen, zullen wíj vanavond hart moeten eten. Tenzij ik er nog even uit ga om vlees te bemachtigen en daartoe besluit ik dan maar. Ik schiet een supermarkt binnen met de bedoeling via de snelkassa zo vlug mogelijk buiten te staan, maar dat had ik dan gedroomd. Een ouder echtpaar met een superkar kruist namelijk mijn pad. Eerst rijden ze van achter op mijn achillespezen in – daar zijn die karretjes speciaal voor gebouwd – en nadat ze beleefd gewacht hebben tot ik weer wat kleur heb gekregen, vraagt de vrouw aan mij of ik ook weet waar de azijn staat. Toevallig weet ik dat en daarom leg ik uit: dit gangetje door, dan bij de eieren linksaf, bij de vriesbakken rechts de hoek om en dan tegenover de melk, naast het honden- en kattenvoer, dáár staat de azijn. Op diezelfde manier heb ik eens aan iemand uitgelegd waar de Loempiaweg was: doorlopen tot de Nassi Ramesstraat, linksaf Lontongweg, Bami-speciaalstraat in en dan via de Kroepoeklaan, het Satéplein, de Pindasausstraat en de Sambal Oeleklaan... Toen was het antwoord ook: 'Wázeggu...??'

'Weet u wat,' zeg ik dus, 'blijf maar even staan, ik zal die azijn wel voor u halen.' Ik spoed mij via de eieren langs de vriesbakken – zie in de vlucht kartonnetjes vlees liggen en graai er snel één mee – richting honden- en kattenvoer en kom via een kortere weg – *de Ringweg* natuurlijk – met de azijn terug bij het echtpaar. Maar dat is mij helemaal niet dankbaar, want ik heb de verkeerde fles meegenomen. 'D'r staat geen N op...' zegt de vrouw en ze geeft me de fles weer terug, 'ik wil een fles met een N op het deksel, Natuurazijn, hier heb ik niks aan…' Oh… nou ja, dat kan gebeuren… dus schiet ik weer via de eieren… o nee, ik ga over de *Ringweg*… richting honden- en kattenvoer en kom met een fles met een N op het deksel. Wederom geen spoor van dankbaarheid. De fles wordt woordeloos van alle kanten belezen. Ten slotte zegt de vrouw: 'D'r zit toch geen zout in, hè… zoveel procent zout bedoel ik…'

'Zout???… hoe kan er nou zout in zitten…' vraag ik verbaasd, want uiteindelijk ben ik maar een leek nietwaar.

'D'r zit overal zout in,' zegt de man, 'ook in azijn… tenzij ze het er uithalen, dan heb je zoutloos azijn, maar dat moet dan op het etiketje staan…'

'Zoutárm is ook goed,' zegt de vrouw, 'we hoeven niet helemaal zoutloos, zoutárm is ook goed zei de dokter…'

Ik keer de fles om en om, maar nergens zie ik zoutloos of zoutarm staan. De vrouw neemt de fles van me over en schudt hem flink. Maar door deze magische handeling blijkt het etiket niet te veranderen. Ze leest nog eens goed en concludeert: 'Nee… zie je wel… géén zoutloos en niks zoutarm… assublief… hier hebben we niks aan…'

En daar sta ik weer met de fles in mijn linkerhand terwijl in de rechter het vlees aan mijn vingers begint vast te vriezen.

'We moeten in het Reformhuis zijn,' zegt de man, 'daar hebben ze natuurlijk zoutloos azijn, we moeten er toch straks naar toe voor die pruimen en die zemelen…'

'Of denkt u, dat ze hier ook pruimen en zemelen hebben?' vraagt de vrouw zo poeslief dat ik er weer in trap. 'Ja, bij de pakken bakmeel en macaroni,' zeg ik, 'dan moet u die kant uit, bij de drank rechtdoor (bij de drank moet je altijd rechtdoor) en dan is het tegenover de groenteafdeling.' Maar het mens begrijpt het natuurlijk weer niet en bovendien zie ik ineens, dat ze zulleke dikke benen heeft. Dus loop ik zelf wel even. Via de *Ringweg* natuurlijk. Ik kom terug met de pruimen en de zemelen, die in goede aarde vallen maar toch niet in staat blijken te zijn de zout-armloze azijn te verdringen. 'Hè wat jammer toch van die azijn, ' zeurt de vrouw met een sneu neusje, 'anders waren we nou klaar geweest en nou moeten we voor die ene fles naar het Reformhuis… laat nog een kijken die fles… (ik heb hem waarachtig nog in mijn hand en ze grist hem weg)… zou het er nou echt niet op staan: zoutloos azijn…'

'Néé, het staat er níet op,' zeg ik krengerig want mijn achillespezen ben ik ook nog niet vergeten. Ik pak de fles weer af… ja zeg, kom nou, het moet nou maar es af-gelopen zijn… en rammel resoluut via het honden- en kattenvoer – alwaar ik de fles boven op een blik kittekat zet – over de *Ringweg* naar de kassa. Maar in de buurt van de chocoladehagelslag begin ik langzamer te lopen want *het grote denken* overvalt me. Stel je voor dat er wel degelijk zoutloos of zoutarm azijn bestaat, dan heb ik mijn gezin dus al jaren bedreigd met mijn gewone N op het deksel… Gelukkig zie ik in de verte een deskundige die bezig is de vakken suiker en basterdsuiker bij te vullen en ik weet zijn aandacht te krijgen door met mijn kar tegen zijn achilles-pezen te rijden. Hij barst in blazen uit en dat leidt even af, doch mijn vertwijfeling keert terug in alle hevigheid.

'Meneer…' vraag ik, 'kan het zijn… ís het zo… is er azijn, ik bedoel kan het zijn, dat er azijn zonder zout, ik bedoel kan er zoutloos eventueel zoutarm azijn zijn…'

Hij kijkt me aan.

Hij kijkt me heel deskundig aan en zegt: 'Vanavond maar es vroeg je bed in, meid…'

Net als je vader...

Ik zit in de tram, achter een echtpaar van een jaar of vijfen-veertig. Zij is een beetje moe en moppert wat voor zich uit, hij is ook een beetje moe en laat alles over zich heen gaan. Ze hebben kennelijk een dagje stad ten achter de rug, op schoot houden ze de stille getuigen: twee tassen boordevol zakken en zakjes, waarop de emblemen van onze grote warenhuizen. En dan nog een kolossaal pak waar hij net overheen kan kijken.

Ineens zegt zij: 'Jij bent ook een mooie... zoiets zeg je toch niet...'

'Wat nou weer...' antwoordt hij dof.

'Nou, zonet tegen Elly...'

'Wat dan...?'

'Dat ze er zo moe uitzag... dat zeg je niet...'

'Waarom niet?'

'Omdat het zo ís... en omdat ze alle mogelijke moeite doet om er níet moe uit te zien...'

'Ach...' zegt hij, 'ze heeft het niet eens gehoord...'

'Ze heeft het wel gehoord... Straks als ze thuis komt, gaat ze meteen voor de spiegel staan. 't Is voor geen enkele vrouw leuk om te horen dat ze er slecht uit ziet...'

'Ach... je overdrijft...' zegt hij.

'Nee, ik overdrijf niet. Jij zegt trouwens nooit iets aardigs en je vader was al net zo. Geen hartelijk woordje dat er vanaf kan, geen complimentje, niks... Leuk hoor, om met zo iemand getrouwd te zijn...'

Hij vindt het verstandig om maar helemaal niets meer te zeggen. Hij kijkt naar links en zij kijkt naar rechts. En ik wacht rustig af wat er verder gaat gebeuren. Voorlopig twee haltes niets.

Dan zegt ze: 'Wat is er vanavond op de televisie?'

Hij kijkt even verbaasd. 'Hoe weet ik dat nou…'

'Je had toch in de bode kunnen kijken, vanmorgen… had toch gekund… je kijkt toch altijd 's ochtends wat er komt op de televisie…'

'Vanmorgen niet…'

'Waarom niet…?'

'Omdat jij zo gauw weg moest natuurlijk.'

'Nou, als we laat gaan, hoeft het niet meer, die ene vrije dag die je hebt.'

Hij kijkt weer naar links, zij kijkt weer naar rechts. Rustig afwachten, denk ik.

'O, kijk es…' zegt ze ineens, 'daar heb je waarachtig Bea, ze stapt in de tram.'

'Bea wíe…?' vraagt hij.

'Béa… hebben we ook al lang niet gezien… kijk, ze stapt in de tram.'

Hij kijkt lang. Bea schuift naar hen toe en ze beginnen naar haar te lachen. Bea lacht terug. Stralend. Zo stralend dat het zelfs hém op moet vallen. Gehinderd door het grote pak staat hij maar half op om haar zijn plaats aan te bieden. Maar ze weigert, ze hoeft maar twee haltes mee, zegt ze. En weer lacht ze stralend. Zo stralend dat hij er iets van moet zeggen: 'Je ziet er werkelijk uitstekend uit… het gaat zeker goed…'

Bea loopt door en Bea stapt uit. Vóór mij blijft het echtpaar snibbig zwijgen. Hij kijkt naar links, zij kijkt naar rechts. Rustig afwachten denk ik.

Ten slotte vraagt hij: 'Heb ik soms weer wat gezegd… je zit er bij met een gezicht als een oorwurm.'

'Vind je het gek?' zegt ze.

'Nou wát dan… wat heb ik dan gezegd…'

'Was dat nou nodig…' steekt ze van wal, 'was het nou nodig om er zo de NADRUK op te leggen dat Bea er zo goed uitzag?'

Nou breekt zijn klomp. 'De NADRUK??' zegt hij.

Ja, de NADRUK … nogal logisch dat zij er goed uit-ziet… zíj loopt niet de hele dag achter drie kinderen… zíj heeft geen druk gezin… zij hoeft alleen maar voor zichzelf te zorgen… en dat doet ze heel goed ook…'

'Dat heb ik alleen maar uit beleefdheid gezegd…'

'Zolang het beleefdheid is, kan het me geen zier sche-len, maar het was geen beleefdheid… het is wáar… en dan moet je het niet zeggen, want dan is het kwetsend voor míj…'

'Voor JOU …?' zegt hij.

'Ja, voor mij… je bent net als je vader, je let wel op andere vrouwen maar nooit op mij. Zie ík er dan niet goed uit… dat heb ik je nog nooit horen zeggen…'

'Natuurlijk zie jij er goed uit… fris… en verzorgd…'

'Fris en verzorgd… en níet goed??'

'Natuurlijk ook goed…'

'Echt?'

Ja, ECHT …

Ze haalt even haar schouders op. 'Ach…' zegt ze, 'op jou kan ik toch nooit aan…'

Echt iets voor jou

Het is heel vroeg in de morgen als er wordt opgebeld.
'Mevrouw,' zegt een mannenstem, 'bent u die schrijfster
van die stukjes in de krant, klopt dat, heb ik de goeie?'

Het is zo vroeg, dat ik het niet weet. 'Ik geloof van wel,'
zeg ik dus, 'maar als u wat later terug belt, dan weet ik het
zeker.'

'Hoe laat moet ik bellen dan?'

'Nou, als ik wakker ben.'

'Bent u niet wakker dan?'

Ik zucht. 'Ja hoor, ik ben wakker en ik ben die schrijfster van die stukjes in de krant.'

De meneer is enthousiast. 'Oh gelukkig,' zegt hij, 'dan
heb ik wat voor u, iets heel leuks wat ik net heb meegemaakt, vreselijk leuk, u mag het gebruiken voor een stukje. Kijk, als ik zelf schrijven kon, dan had ik het zelf natuurlijk gebruikt, maar ik kan dat niet en daarom dacht ik:
laat ik haar bellen… Ik maak namelijk ontzettend veel
mee altijd want ik ben nachtportier in een ziekenhuis,
vandaar dus dat ik zo vroeg bel, omdat ik dus altijd vroeg
thuis kom, dan lees ik mijn krantje nog even en dan ga ik
naar bed. Heeft u pen en papier bij de hand dat u af en toe
wat op kan schrijven?'

'Nee… maar ik onthoud het wel…'

'Oh, dat is mooi zeg… nee, onthouden dat lukt mij
niet zo goed, ik moet altijd alles opschrijven, dat heeft te
maken met dat je ouder wordt, vroeger wist ik ook alles
uit mijn kop, maar wat ik zeggen wou, daar bel ik dus
voor, ik maak een heleboel dingen mee, daar zou ik boekdelen over kunnen schrijven en wat ik meemaak dat is

23

voor u goud, u hebt zo voor een jaar genoeg als u mij even aan het woord laat. Bijvoorbeeld wat er nou weer vannacht gepasseerd is en mijn vrouw, die stoot me net aan, die werkt ook in het ziekenhuis, de huishoudelijke dienst en die heeft eergisteren weer iets meegemaakt, te gek voor u, kan u zo in de krant zetten. Wilt u haar misschien even aan de lijn dat ze het zelf vertelt aan u?'

'Nou nee, laat dat maar, vertelt u maar wat er is gebeurd.'

'Iedere nacht mevrouw, gebeurt er iets waarbij je zegt hoe is het mogelijk dat het bestaat en niemand die het openbaar maakt. Ik vind in onze tijd, dat we door de media om de oren worden geslagen, knoppie aan Nederland 1, ander knoppie Nederland 2 ik weet niet hoeveel kranten, de radio met al z'n stations, ik vind in onze tijd moeten juist dingen zoals ik ze meemaak – en m'n vrouw niet te vergeten – naar buiten worden gedragen. En zeker wanneer het een ziekenhuis betreft. Ik weet daar verhalen over, als ik u die vertel slaat u stijl achterover, wat dat betreft mag u blij zijn dat u nu in bed ligt…'

'Nou… wat is er dan gebeurd…'

'Oh ogenblikje… mijn vrouw die dus naast me staat die zegt even wat… ja wát nou, ik bén toch aan het vertellen, ik vertel eerst dat verhaal van mij en dan van jou… Bent u er nog?'

'Ja… vertelt u dan door…'

'Ja, mijn vrouw, zegt dus, dat ik eerst moet vertellen van haar, wat eergisteren gebeurd is dus, maar ik wil u eigenlijk eerst vertellen van gisteren dat heb ik dus zelf meegemaakt en dat vind ik persoonlijk veel leuker.'

'Dat is niet leuker…' hoor ik zijn vrouw naast hem roepen.

24

'Dat is wél leuker… en bemoei je d'r nou even niet mee…'

'Nou, ík kwam anders op de gedachte om haar op te bellen…'

'Nou, bel jij d'r dan straks zelf en hou je nou even stil…'

'Ja, ik zie me al aan komen,' zegt de mevrouw, 'eerst jij met je verhaal en dan ik nog eens… nee, ga jij maar door, je zult zien dat ze d'r niks aan vindt.'

Het is even stil. Dan zegt hij duidelijk minder enthousiast: 'Mijn vrouw vindt dat ik dat moet vertellen van eergisteren, dat zij dus heb meegemaakt en dat ik persoonlijk dus minder leuk vind dan wat ik heb meegemaakt, maar ja goed, laat ik haar d'r zin maar doen, want anders krijgen we daar straks een hoop gelazer mee… goed, dat van eergisteren dan… Mijn vrouw heeft dienst… komt er een man met zo'n doorzichtig doosje de gang in lopen waar zij dus bezig is en in dat doosje heeft die zo'n orchidee zitten en die man vraagt haar welke verdieping kamer nummer 369 is…'

'Nee, níet kamer nummer 369,' zegt de vrouw, 'kamer nummeró 396, want daar gaat het nou juist om en bovendien, je vertelt het niet leuk, laat míj het anders vertellen…'

Ik hoor wat gerommel aan de andere kant en een paar kreten er door: 'Nee, nee, laat míj nou even…' en 'Nou, doe het dan goed…', waarna de man zijn verhaal vervolgt. 'Kamer nummero 396 dus… enfin, hij zet het doosje neer op een karretje, dat daar staat, met limonade enzo voor de patiënten en intussen legt mijn vrouw uit waar hij dus wezen moet…' Hij stopt.

De vrouw begint een beetje te giechelen, want ze ziet

25

het weer helemaal voor zich. Maar de man gaat niet verder en dus roep ik om hem aan te moedigen: 'Ja… en wat gebeurde er toen?'

Hij zucht. 'Weet u wat het is,' zegt hij, 'dat heb ik nou altijd hè, ik kan dat niet een verhaal vertellen dat een ander heeft meegemaakt en ik zelf niet, daar moet ik nou gewoon bij zijn geweest… en bovendien, dat van gisteren van mij vind ik veel leuker…' Hij zucht weer. 'Weet u wat,' zegt hij, 'ik bel u nog wel eens als mijn vrouw niet thuis is…'

Televisie

Volkskoffiehuis staat er op het raam en daaronder hangt een papiertje met: *vandaag erwtensoep*. Zo... dat is iets voor m'n koude neus en dus stap ik naar binnen. Er zit nog iemand met een koude neus en erwtensoep. Een meneer die het stoeltje naast zich uitschuift en uitnodigend naar me knikt. 'Lekker hè?,' zegt hij, 'hoef je echt niet eerst voor geschaatst te hebben... kijk... zit goed vlees in en nog een stukje worst...'

Ik proef en inderdaad, het is lekker.

'Heeft u gister nog naar de televisie gekeken?' gaat hij door, 'eerst kwam er een tekenfilm van Tom en Jerry weetuwel en daarna Fred en Wilma, dat zijn de Flintstones, dat is dat die aan het eind buiten de deur wordt gezet en dan achter elkaar "Wilma" staat te schreeuwen, nou en dat is best wel lachen hoor... Nou daarna kwam er zo'n orkest met een lekker muziekje en zo'n dirigent die zich zowat een hartaanval zwaaide... eng hoor, zo'n vent, net of die een groepje dwangarbeiders aan het werk moet houden. En af en toe iemand klozup in beeld met een instrument, nou dat hoeft voor mij niet, muziek is muziek en daar hoef ik niks bij te zien. Als ik zo'n rooie kikkerkop op een trompet zie blazen, daar word ik helemaal niet goed van, om over die violisten maar helemaal niet te praten want die trekken d'r smoelen bij alsof ze hun eigen oor staan af te zagen. Nou ja en danne... daarna kwam dan *Stiefbeen en Zoon*, wat wij vroeger met Rien van Nunen en Piet Römer hadden, dat hebben ze nou in het Engels overgenomen met twee negers er in. Vind ik altijd effe wennen als je het eerst jaren in plat Amsterdams heb horen smoezen. 't Ging over een circus met een olifant en een vuurvretende dame, tante Esther genaamd, enfin, gelachen daar niet van... Nou ja en daarna kwam er een toneelstukkie voor twee heren die zaten te eten met een ober er bij. Ik weet niet wat dat is maar toneelstukkies vallen niet bij mij. Ik vind het altijd net toneel, zo práát je toch niet in het gewone leven... 't Kan best zijn dat zo'n vent zijn tafelmanieren niet kent, maar om dat nou zo overdreven te gaan zitten opvoeren... Ik ben ook maar een hele gewone jongen hè en ik weet ook niet waarmee ik de zalm moet eten, maar dan ga ik daar toch niet zo overdreven mee staan doen... allemaal even onecht en voor mij hoeft dat niet... Maar ja, hoe gaat dat, je kijkt er naar en je kijkt het dan maar uit, achteraf doodzonde, want wat wil het geval, op het andere net is *All in the Family* en daar kijk ik dus altijd naar en net dat het toneelstukje dus afgelopen is, schiet mij te binnen dat op het andere net dus *All in the Family* is. Ik gauw omzetten, maar ja, zie ik alleen maar de laatste vijf minuten en ik zwaar de pest in natuurlijk. Ik zeg tegen m'n vrouw: had jij me nou niet effe kunnen waarschuwen... maar ja, mijn vrouw hè, die kan het helemaal niks schelen waar ze naar kijkt, die zou liever de hele avond willen kwekken... Nou ja en toen kwam er ook nog even visite, de buren, die waren naar de film geweest en dat moesten ze even kwijt en nog even een bakkie halen, nou ja en toen ze weg waren en ik de televisie weer aandeed was het laatste nieuws al aan de gang. Dat kijk ik altijd nog even uit en dan drinken we samen nog een kop thee en dan zet m'n vrouw de kopjes in de gootsteen en meestal kijk ik dan nog even in de krant want daar kom ik 's avonds niet meer toe door de televisie, nou ja en dan is het gauw halftwaalf en tijd om de brommer in de gang te zetten. Nou ja en dan ga je hè, naar bed, want morgen is er weer een dag en die van mij begint altijd heel vroeg, want ik kan maar slapen tot een uur of halfzes, zes uur, zomer of winter, dat doet er niks toe, want dat heb ik al jaren. En om nou wakker in m'n bed te blijven liggen, daar voel ik niks voor, dus ga ik bij de kachel zitten, kopje koffie er bij en ik kijk in de bode om het programma van de avond uit te zoeken. Maar vanmorgen komt m'n vrouw ook d'r bed uit om zes uur en ze zegt: Ik weet niet wat het is met mij de laatste tijd, maar ik lig maar te piekeren en ik kan niet slapen, dus kom ik er ook maar uit. Enfin, zij ook een kopje koffie en bij de kachel zitten en ik denk: Laat ze nou asjeblief d'r waffel houden want ik heb het nou net effe rustig in huis. Maar nee, na verloop van tijd begint ze te vertellen, dat ze alsmaar droomt en dat ze in zo'n blaadje heeft gelezen dat dromen iets voorspellen en dat ze d'r zo over in zit enzo. Ik zeg: Meid, ben je nou mal, dromen dat stelt helemaal niks voor, dat zijn losse gedachtes die door elkaar heen tollen en waar je in de nacht geen vat op hebt. Ja maar, zegt ze, het is alsmaar dezelfde droom die steeds terug komt en in dat blaadje staat dat het dan waarschuwend kan zijn. Ik zeg: Wát waarschuwend, wat weet zo'n vent uit zo'n blaadje nou, wég met die rotzooi, zand erover en ophouden met je geklets... Enfin, zij blijft doorzaniken en ineens zegt ze: Ik ga naar de dokter toe, die moet me maar een verwijskaart geven voor een psychiater, want met jou kan ik niet praten, ik wil nou wel eens weten waarom ik steeds hetzelfde droom... Nou já... de psychiáter... ik sla de bode dicht... ik zie nog net dat de *Blind Date* gelukkig niet tegelijktijdig met *Wie ben ik?* vanavond op de televisie komt en ik máák me toch kwaad op haar... Ik zeg: Jij

hoeft helemaal niet naar een psychiater, als je gewoon aan
míj vertelt wat er aan de hand is en niet de hele avond stom
naar de televisie staat te kijken, dan hóef jij helemaal niet
naar de psychiater, jij bent gewoon niet goed snik jij, jij
bent rijp voor een psychiater…'

Zemel

Met een vriendin die waarschijnlijk een arm heeft gebroken, tuf ik snel naar het ziekenhuis. Via de portier komen we in een kamer terecht waar we een poosje moeten wachten. 'OPNAME', staat er op de deur van die kamer en dat vinden we een beetje vreemd, want een gebroken arm, dat is toch niet zo ernstig nietwaar. Enfin, we zitten daar nou eenmaal. En niet alleen natuurlijk. 'U moet een kaartje trekken…' zegt een mevrouw tegenover ons. Dat doe ik. Nummer 68. Aan de beurt is nummer 52, dus dat is wachten geblazen. Voor de zekerheid informeer ik bij de mevrouw of we wel goed zitten, in verband met dat 'OPNAME'.

'Overal staat OPNAME,' zegt ze, 'kijk maar… op de stoelen, op de tafel, op de kapstok, zelfs op de prullenbak… Als ze helemáál geen raad meer met je weten dan flikkeren ze je zeker dáár in…'

De man naast haar – kennelijk haar echtgenoot – begint zachtjes te grinniken. 'Dat hebben ze met de dokter zeker ook gedaan want het schiet maar niet op, 't staat al een half uur op nummertje 52…'

'Zég…' roept de mevrouw ineens, 'die dokter hè… kom… hoe heet die nou die hier laatst ook was, weet je wel toen we voor jóu moesten komen.'

De man schudt nadenkend zijn hoofd.

'Ach jawel,' zegt ze, 'waar we nog mee gepraat hebben, díe dokter bedoel ik.'

'We hebben er met drie gepraat,' zegt hij.

'Ja, maar ik bedoel die éne, met die witte jas en dat lampje op zijn hoofd… je weet toch wel…'

'Ze hebben allemaal een witte jas…' zegt hij.

'Ja, maar niet allemaal een lampje op hun hoofd…'

Hij trekt zijn schouders op én zijn wenkbrauwen. 'Hoe zag hij er dan uit?' vraagt hij.

'Lang en dan een beetje grijzig haar… grote neus… en dan dat lampje op zijn hoofd, weet je het weer?'

Hij zwijgt lang en zegt dan: 'Nnee…'

Ze zucht en zegt dan enigszins geïrriteerd: 'Hij had zo'n hoge stem, net als Barend en dan iets van een dialect… Gronings ofzo…'

'Grónings…??' doet hij verbaasd, 'nou, ik weet het niet hoor…'

'Ach jawel…' zegt ze doordrijverig, 'hij stond nog met die zuster te praten, over die kaart van ons van het zieken-fonds…'

'O…!' zegt hij en ze begint heftig mee te knikken, 'dát herinner ik me, ja.'

'Zie je nou wel,' lacht ze, 'weet je het weer?'

Maar hij schudt lang zijn hoofd. 'Nee…' zegt hij, 'maar die kaart, die herinner ik me wel…'

'Hoe is het nou toch mogelijk,' zegt ze, 'en je bent er nog bij gaan staan en je vroeg nog wat er mee was met die kaart, dat vróeg je nog…'

'Ja, ja, ja,' knikt hij langzaam, 'nou je het zegt.'

'En weet je nou ook, welke dokter ik bedoel?'

'Nnee…' zegt hij.

Met een klap zet ze haar tas op de grond en verbeten komt ze iets meer naar voren zitten. 'Kijk je dan nooit iemand áán, als je wat vraagt, je kijkt toch iemand aan…' sist ze hem toe.

'Ja…' zegt hij, 'natuurlijk wel, maar ik ben zijn gezicht vergeten…'

32

'Zijn gezícht...' blaast ze, 'zijn gezicht vergeten, hij is zijn gezicht vergeten, nou moet je toch ophouden, zo'n gezicht vergeet je nooit... met van die tanden, zo vooruit... en van die slappe ogen... en mager met van die kaken... en jij vróeg nota bene nog of het adres wel klopte op die kaart, omdat we verhuisd waren en toen zei die nog, dat we naar de administratie moesten, wéét je dat niet meer...'

Hij zwijgt weer lang. 'Ja, ja, ja...' knikt hij vaag.

'Nóu...???'

'Nnee...' zegt hij.

Ze pakt haar tas weer op en gaat er in zitten morrelen. 'Ik kan er niet bij, hoor...' zegt ze en ze steekt een pepermuntje in haar mond dat ze met een knal kapot knarst, 'wat dat ís met jou tegenwoordig... je geheugen is werkelijk geen cent meer waard... je hebt vast en zeker aderverkalking... Weet je dan ook niet meer van dat horloge...?'

'Horloge?' zegt hij, 'Welk horloge?'

'Hij had toch hetzelfde horloge aan als jij, dat zei je nog: dat die man niet iets beters kan kopen...'

'Zei ik dat?'

Ze springt bijna uit elkaar. 'Lieve help,' zegt ze, 'jij hebt geloof ik geen hersens, je lijkt wel een imbeciel... ze kunnen jou ook wel in die prullenbak flikkeren...' Maar nou wordt hij toch kwaad. 'Zeg, luister eens even...' zegt hij, 'het spijt me werkelijk ontzettend voor je, maar ik weet echt niet wie of wat je bedoelt en het kan me ook geen donder schelen zolang jij me niet kan vertellen wat er met die man is... WAT IS ER MET DIE MAN ... wat ís er met hem...'

'Wat er mee is...?' zegt ze verbaasd.

'Ja... wat ís er met die vent, dat je achter elkaar aan mijn kop moet zaniken over hoe die heet en hoe die er uit ziet en wat die deed en zijn dialect en zijn horloge...'

'D'r is helemáál niks met die vent,' zegt ze en ze rommelt weer in haar tasje, 'alleen... ik vind hem zo'n zemel...'

Waarheid en huwelijk

'Weet je waar jij nou eens over moet schrijven?' zegt een vriendin tegen mij.

'Nouwww???' vraag ik.

'Over het huwelijk…'

'Over het húwelijk???' Daar sta ik toch wel van te knipperen, want ik wilde eigenlijk een interessante verhandeling houden over de Eskimo's of over de Kannibalen of over goocheltrucs en toverkunst in het algemeen. Maar níet over het huwelijk. Dus zeg ik nog eens: 'Over het húwelijk? Hét huwelijk…'

'Ja-ha,' zegt mijn vriendin opgewekt, 'over hoe het goed kan worden als het mis is…'

Daar moet ik even voor gaan zitten. 'Kan dat dan?' vraag ik onnozel.

'Ja, natuurlijk…' zegt ze, 'alleen weten zo weinig mensen het en daarom moet jij het in de krant zetten.'

'Maar hoe gaat dat dan?' vraag ik.

'Nou, heel eenvoudig,' zegt mijn vriendin, 'je kent toch die-en-die en je weet toch dat dat huwelijk missis… nou… het is weer helemaal goed…'

Mijn mond valt open, de techniek staat toch maar voor niets. 'Hoe-wat-waar-wanneer-waarom…' stotter ik.

'Heel gewoon,' zegt ze, 'die lui zijn naar een psychiater ofzo gegaan en die heeft gezegd: allebei meewerken, dát in de eerste plaats en volgende week terugkomen. Allebei met een briefje waarop twee punten staan:

a) de dingen die je graag zou willen dat je partner doet;

b) alle dingen die je op je partner hebt aan te merken.

Niet zomaar een paar flutdingetjes natuurlijk, maar

echt karaktereigenschappen of gebreken.'

Ik laat het even door mij heen gaan en vereenvoudig voor mezelf: a) Wat die moet dóen. b) Wat die moet láten.

'En dat is alles?' vraag ik.

'Ja, dat is alles,' zegt ze, 'en dan moet je elkaar dat briefje geven, dan weet je het dus van elkaar. En als je er dan rekening mee houdt, dan heb je een goed huwelijk. Het ei van Columbus.'

Inderdaad. Ik bedank mijn vriendin voor haar tip en ik beloof haar, dat ik hem door zal geven aan al mijn ongelukkige lezers en lezeressen.

's Avonds komt mijn echtgenoot thuis met een stapel paperassen die hij erg secuur op tafel gaat uitspreiden alsof hij er mee wil gaan patiencen. Bovendien zie ik aan zijn gezicht dat hij moe is, niet direct het moment om met het ei van Columbus aan te komen. Maar ik doe het toch.

Eerst verstaat hij het niet, dan verstaat hij het niet góed, dan begrijpt hij het niet en dan weer verkeerd. Ten slotte vindt hij het lariekoek en daar zit ik met mijn ei. 'Jij doet je best ook niet om het te begrijpen,' zeg ik, 'je lúistert niet eens...'

Maar hij luistert wél, (zegt hij) héél goed zelfs. Ik vertel het hele verhaal nog eens en nu kijkt hij of het hem interesseert. Hij is zelfs bereid om van de lariekoek af te stappen en te vinden dat er wel iets in zit (om er van af te zijn natuurlijk). Hij wil weer verder met zijn papieren, maar ik zeg: 'Néé... vóór ik er een stukje van maak, wil ik het eerst uitproberen. Zet jij eens op papier... (ik kom met punt a en punt b aandraven)... dan doe ik het ook.'

'Zeg, luister es...' begint hij en ik voel feilloos aan dat ik eerst maar eens koffie moet gaan zetten. Dat doet altijd wonderen bij ons thuis. En ja hoor, na de koffie wil hij om mij te plezieren... enfin, we schrijven allebei een velletje vol.

Punt a is bij mij niet zo groot, want eerlijk is eerlijk, mijn echtgenoot is een vlijtig persoon en ik zou werkelijk niet weten wat hij nog meer zou moeten doen. Maar op punt b schrijf ik me werkelijk ongelukkig, zodat mijn echtgenoot mij achterdochtig van achter zijn velletje bekijkt.

Bij hem is het juist omgekeerd. Punt b doet hij met enkele krabbels af maar punt a beslaat bijna driekwart pagina en ik kan u wel vertellen dat mij dat inwendig rá-zénd maakt. Wát in vredesnaam wil hij dat ik nog méér doe... nou, als het zó moet... punt a kan ik ook nog wel wat uitbreiden. En dat doe ik. Terecht of ten onrechte, ik sleep er van alles bij, Hij moet nog steeds een tuinbankje schilderen, hij mag wel eens uit zichzelf bioscoopkaartjes meenemen en bloemen, ja vooral bloemen... nou ja, terwijl ik zo aan het schrijven ben, valt me van alles te binnen.

Als we klaar zijn, overhandigen we elkaar in een nogal geladen stemming de briefjes. Ik lees. Ik lees nog even door. Weet me nog even te beheersen. Maar dan kom ik bij b. Kort en krachtig staat daar: Eigenwijs – Doordrijver en nog wat, maar ik zal het u besparen.

De hele zaak is: ik hou niet van de waarheid. Die vind ik niet leuk en niet nodig ook. De waarheid is een illusie voor mensen die alles al hebben verspeeld. Ik speel nog liever wat door. Als een kat om de hete brij. Als een aap op een fiets. Met de zuidenwind mee en met oogkleppen voor. En dát is... zo zegt mijn echtgenoot... wat hij éigenlijk onder punt b had willen schrijven.

II

Nostalgie

Het huis met de treetjes

Lang, heel lang geleden, woonde er in de Anemoonstraat een heel klein meisje dat met haar ouders mee uit Indië was gekomen. De eerste maanden in Holland bracht ze door in een pension op de Goudsbloemlaan. Maar haar ouders vonden het huis in de Anemoonstraat erg vriendelijk en dus verhuisden ze daar naar toe. Zo kreeg het kleine meisje een kamer met een balkon, van waaruit ze de hele straat kon overzien.

Dat was in 1937, toen het nog sneeuwde 's winters.

Eigenlijk was de Anemoonstraat geen straat maar een plein. 's Avonds, direct na het eten, kwamen er een paar kinderen met een bal naar buiten en die liepen dan hard om het plein heen. Ze riepen in een dreun: 'Wie doet er mee ja-ger-bal...' Dan wist het kleine meisje niet hoe snel ze naar buiten moest komen, naar de kinderen van het plein. Alle deuren gingen open en overal kwamen kinderen uit. Ze gingen bij elkaar staan en plotseling, op teken van iemand, begonnen ze hard te rennen. Allemaal om het plein. Dan speelden ze jagerbal en één van de kinderen was de jager. Die moest proberen met de bal een ander te raken en als dat lukte, kwam er dus een jager bij. Zo ging dat door tot er eindelijk één kind overbleef, één kind dat iedereen te snel af was. En dat kind werd dan weer de eerste jager van het volgende spel.

Dat was in 1938, toen het nog warm was 's zomers.

Het kleine meisje kreeg zakgeld, vijf cent iedere week, daar mocht ze mee doen wat ze wilde. Soms kocht ze er een half ons poppenschuim van bij bakker Behrends op de hoek. Maar meestal ging ze naar het bazarretje in de Azaleastraat. Dan moest ze eerst over de Goudsbloemlaan en dan rechtsaf naar het bazarretje.

Dat was in 1939, toen het nog stormde als het herfst was.

Op de Goudsbloemlaan stond een huis met een trapje van twee treden. Als ze dat opliep, kon ze net zien dat er daar binnen altijd gegeten, gelachen, of gedronken werd. Iedere keer als ze naar het bazarretje ging, keek ze naar binnen en ze dacht: 'Later, als ik groot ben, wil ik ook moeder zijn en in net zo'n huis gaan wonen.'

Dat was in 1940, toen de lente nog dromen bracht.

Het kleine meisje ging de oorlog in. Daar merkte ze eerst nog niets van. Er waren wat parachutisten, maar die vielen niet bij haar. Het voedsel ging op de bon, maar ze had tóch nooit honger. De kolen werden schaars, maar ze liep altijd hard. Pas toen ze haar kamer met het balkon uit moest, begreep ze: dit moet wel oorlog zijn.

Dat was op 8 december 1942, toen de Anemoonstraat werd ontruimd omdat de tankgracht daar doorheen moest lopen.

Het kleine meisje was een meisje geworden en verhuisde van het ene naar het andere huis. Maar altijd dacht ze terug aan het trapje met twee treden. Ten slotte werd ze zelf moeder en woonde ze in een flat. Een flat met veertig treden. Als ze met haar kinderen naar het bos ging of naar het strand, fietste ze steeds door de Goudsbloemlaan. En op een dag zag ze dat het huis met de twee treetjes leeg stond. 'Dat is míjn huis…' wist ze, 'daar heb ik vroeger naar binnen staan kijken.'

Dat was in 1961, toen de mensen een flatneurose kregen.

Het kleine meisje dat nu moeder was, geloofde in

sprookjes en in wonderen. De moeder die eens klein meisje was, geloofde noch in sprookjes, noch in wonderen. Ze noemde het 'toeval' toen haar moeite werd beloond en ze het huis met de treetjes kreeg toegewezen. Zoals zíj vroeger, gingen haar kinderen nú naar het bazarretje in de Azaleastraat. Totdat het winkeltje over de kop ging. 'Opheffings-uitverkoop' stond er op de ruit geplakt en 'Alles moet weg'. De kinderen van de buurt zeurden kwartjes en dubbeltjes los en stonden in rijen voor het kleine bazarretje. Tollen, jo-jo's, zakjes zwart-wit, zoute droppen, zuurballen en zoethout... alles ging weg tegen halve prijs. Veertien dagen leefden de kinderen in een uitverkooproes.

Dat was in 1968, toen de wereld geschokt werd door de moord op Robert Kennedy.

De kinderen van het huis met de treetjes gingen naar de middelbare school en op een dag deed het oudste meisje eindexamen. Ze slaagde en ging als eerste het huis uit. Studeren in een andere stad. Maar het meisje dat als eerste het huis verliet, was nogal bewaarziek en slordig van aard, dus ruimde haar moeder haar kamertje op. In een schoenendoos, ergens tussen lapjes en frummeltjes, vond ze tollen, jo-jo's, zakjes zwart-wit, zoute droppen, zuurballen en zoethout. Ze bleef er mee in haar handen zitten. Ze dacht terug aan de tijd dat ze zelf een klein meisje was, jagerbal speelde en naar het bazarretje ging.

Ik voel met die moeder mee, want dat kleine meisje was ik.

De haan op de muur

Jaren geleden vertelde iemand mij een verhaaltje dat me altijd is bijgebleven. Ik meen zelfs dat het mijn leven beïnvloed heeft. Er zijn, geloof ik, verschillende versies van het verhaal, maar ik vertel u míjn versie.

Er was eens in China een heel rijk man die voor zichzelf en zijn gezin een huis had laten bouwen. Hij had de architect de opdracht gegeven het huis zó te maken dat de zon altijd uit één van de kamers te zien zou zijn. Bovendien moest het huis op een heuvel staan zodat de mensen van ver al konden zeggen: 'Daar woont de rijke man...'

Toen het huis klaar was, nodigde hij de beroemdste tekenaar van het land uit en vroeg hem of hij bereid was op één van de muren een haan te tekenen. Dat was hij, maar hij vroeg daarvoor een zo formidabel bedrag dat de rijke man zijn oren niet kon geloven. 'Zóveel geld, alleen maar voor één haan?' vroeg hij, 'Die heeft u toch zeker zó getekend?' De tekenaar zei alleen maar: 'U kunt de opdracht ook aan een ander geven die er misschien minder voor vraagt.' Maar dat wilde de rijke man niet. Hij had het mooiste huis van de omtrek, het stond op de hoogste heuvel en de tekening moest gemaakt worden door de beste tekenaar van het land. En daarom ging hij zuchtend akkoord met het bedrag. Aan iedereen vertelde de rijke man dat de beste tekenaar van het land zíjn muur in zíjn huis zou versieren en na een paar maanden werden de mensen nieuwsgierig. Ze kwamen vragen hoe het er mee stond en of ze de tekening ook mochten zien.

In het begin antwoordde de rijke man: 'De tekening is nog niet klaar, maar het zal niet lang meer duren...' Na verloop van tijd zei de rijke man: 'Nog een paar dagen, dan is de tekening klaar…' Maar toen die dagen om waren, maakte de rijke man zich kwaad. Hij zei: 'Nou moet ik al zóveel betalen en nóg is die tekening niet klaar. Ik zal de tekenaar hier ontbieden en hem ter verantwoording roepen…' En dat deed hij.

De tekenaar liet de rijke man helemaal uitspreken en zei toen: 'Als u zoveel haast hebt, wil ik nu meteen die haan wel maken.' Hij liep naar de muur en stond daar even op een afstand naar te kijken. Daarna zette hij in één vloeiende beweging de haan op de muur.

In eerste instantie was de rijke man sprakeloos. Hoe was het mogelijk dat iemand zó snel en zó prachtig een haan kon tekenen! Dat moest inderdaad een zeer groot kunstenaar zijn! Maar toen ineens dacht de rijke man aan het formidabele bedrag dat hij de tekenaar in handen moest stellen. Voor nota bene één ononderbroken lijn op de muur! De rijke man protesteerde. Zo was hij nog nooit bedrogen in zijn leven!

Weer liet de tekenaar de woordenvloed over zich heen gaan. Ten slotte zei hij: 'Gaat u met mij mee naar mijn huis, dan zal ik u iets laten zien.'

De weg die ze moesten gaan, was lang en al die tijd mopperde de rijke man over alle mensen die hem bedrogen en die zo makkelijk aan hun geld kwamen. Nee, híj had er echt hard voor moeten werken. De kunstenaar zei niets, tot ze bij zijn huis kwamen. Toen opende hij zijn deur en zei alleen maar: 'Zie…!' En de rijke man zag…

Het gehele huis stond in het teken van de haan. Waar de rijke man ook keek, van overal zagen hanen hem aan. Rode hanen, groene hanen, zwarte hanen, bruine hanen, hanen die liepen, hanen die lagen, hanen die vrijden, ha-

nen die sliepen, hanen die vochten, hanen die pikten, hanen die aten... hanen, hanen, hanen... op de plafonds, op
de deuren, op de muren, op de vloeren, op de tafels, op de
stoelen, overal hanen, hanen, hanen...

De rijke man stond sprakeloos. En de kunstenaar zei:
'Om die ene lijn in één beweging op de muur te kunnen
zetten, heb ik maandenlang hanen bestudeerd en al mijn
muren moeten uitproberen... En wat nog veel erger is, ik
heb geen nacht kunnen slapen zonder te dromen over hanen, hanen, hanen...'

Toen boog de rijke man zijn hoofd. 'U bent een groot
kunstenaar,' zei hij, 'gaat u met mij mee en ik zal u het
dubbele bedrag uitbetalen...'

Dit verhaaltje draag ik in mijn leven met mij mee. Bij
alle wat ik doe – of ik nu een boek schrijf, of een serie
bewerk voor de tv, of ik nu plantjes stek of spijkerbroeken
repareer – bij alles denk ik: 'Ach... ik ben nog maar bezig
op mijn eigen muurtje... het stelt immers nog niks
voor... Wacht maar, op een dag, als ik genoeg geoefend
heb... zet ik in één beweging mijn eigen haan op de
muur...'

De derde koning

Begin november moest je uitkijken, niet te veel rondhangen bij het aardrijkskundelokaal, vooral Mevrouw L. (lerares aardrijkskunde) niet te vriendelijk groeten, want anders liep je de kans 'gegrepen' te worden.

'Gegrepen' was niet meer of minder dan 'Kom jij es even hier, ik heb voor jou een aardig rolletje in het Kerstspel…'

Het enige dat er dan nog te hopen bleef, was dat je niet werd uitverkoren voor de Maria-rol. Achter elkaar vielen de slagen. Klasse vier a moest de engelen opleveren. Zij liepen zwaarmoedig rondjes in de pauze, besprekend hoe ze er onderuit konden komen. De gymnasiumkant zou wel weer borg staan voor de Gabriël-partij, daar was er altijd wel eentje met een serieuze lange adem. En gelukkig, een wicht uit de derde, met platina haren en een kam in haar zak, was ook 'gegrepen'. De smaak van Mevrouw L. kennende, 'zou dat wel es een Maria kunnen zijn…'

Vier b (hbs) kreeg de grootste hap te verwerken. Kloppie, Siebe en wie was die derde ook weer…? de drie wijzen uit het Oosten, dan ook nog de herders uit die klas en ten slotte zekerheid omtrent míjn rolletje: een Jodinnetje dat in haar vlucht gegrepen werd door tweede klas soldaatjes.

Mevrouw L. had er de wind onder. Kende je je rol niet, ze sloeg hem er graag voor je in. Siebe, de eerste koning, kende zijn rol echter voortreffelijk. Hij had ook niet meer te zeggen dan: 'Ik breng u wierook'. Daarna knielde hij bij de kribbe, legde er een doosje voor en zocht zijn plaats op. Kloppie, de tweede koning, deed niet voor hem onder.

Met zijn kroon scheef op het hoofd knielde hij neer. 'Ik breng u mirre,' zei hij, om daarna krakend op te staan, want hij zorgde er wel voor zijn kleren op te vullen met cellofaanpapier. De derde koning... wie was die derde koning toch ook al weer...

Tijdens de opvoering kreeg Siebe last van zenuwen. Achter de coulissen repeteerde hij steeds: 'Ik breng u wierook, ik breng u wierook...' zodat Kloppie bijna met hem op de vuist ging: 'Als je nou je tater niet houdt met je gewierook, zal ik je persoonlijk wat wierook toedienen...'

In vrede liepen ze echter het toneel op. Siebe nog steeds óp van de zenuwen, zijn koningskleed verfrommelend, viel trillend op zijn knieën... hij wist het niet meer. 'Wát breng ik ook weer???' siste hij. 'Mirre...' zei Kloppie. 'Ik breng u mirre...' zei Siebe. Hij keek er zelf verbaasd van op. Kloppie, doodkalm, lichtte zijn kroontje een decimeter de lucht in, liet het los en het elastiekje zorgde wel dat het met een klap op zijn plaats sprong. 'Gò...' zei hij luid, 'da's óók toevallig, dat breng ik ook...'

De derde koning kreeg er de slappe lach van, hij bibberde zijn doosje goud in de richting van de kribbe en werd plotseling door een hand van achter de coulissen (zal Mevrouw L. wel geweest zijn) van het toneel getrokken. Wie was die derde koning toch ook weer...?

Tussen de herders boterde het ook niet al te best. Ze stonden klaar om op te komen, toen één van hen riep: 'Wáár is mijn staf?? Jij hebt de mijne...' De van ontvreemding beschuldigde herder bezwoer bij hoog en bij laag dat het 'de zijne' was en er dreigde ruzie van te komen. Doch een soldaatje wees op een stok die op de grens toneel-coulissen in het decor was verwerkt. De herder in kwestie graaide, crêpepapiertje eromheen en hij had een staf. Maar toen ik even later mijn vluchtscène moest spelen die eindigde met een sprong op een heuvel (gemaakt van sinaasappelkistjes met een kleed er over) zakte het hele zaakje in elkaar. Drie kistjes rolden over het toneel. 'Wie heeft die snertstok uit die kistjes getrokken?' riep ik. Mijn rol was ik vergeten. Ik bleef mijn enkel wrijven tot er weer een hand kwam om me van het toneel te trekken. 'Zeker weer Mevrouw L.,' dacht ik.

Na afloop van het spel gingen we terug naar onze klassen. In de hal stond een grote kerstboom. Het licht was getemperd. Als je geluk had, kwam je in het Duitse leslokaal terecht. De leraar K. had zijn pick-up al klaar staan. Nog een uurtje luisteren naar kerstliederen uit alle landen... daarna de rapporten... 'Fijn... kerstvakantie...' zei je tegen elkaar. De klas ademde warmte uit. De leraar was vriendelijk. Eigenlijk was iedereen vriendelijk en voor al dat geharrewar in de wereld zouden ze óók wel een oplossing vinden. Nog éénmaal zo'n kerstfeest als veertig jaar geleden... ik zou er wat voor over hebben. Nog éénmaal vluchten voor de tweede klas soldaatjes... nog eenmaal meemaken hoe de derde koning de slappe krijgt...

Die derde koning... wie wás dat ook al weer...?

Simmetje

Leraren zijn in mijn leven altijd belangrijke mensen geweest. Vooral de leraren uit mijn hbs-tijd. In de loop der jaren zijn ze uitgegroeid tot clowneske figuren van wie ik voornamelijk malle fratsen en eigenaardigheden heb onthouden. Daarnaast zullen ze hoogstwaarschijnlijk voortreffelijke leraren zijn geweest, maar om die reden heb ik ze niet in mijn hart gesloten.

Ik herinner mij een Engelse leraar die zó argwanend was, dat hij nimmer zijn rug naar de klas toekeerde. Als hij iets op het bord wilde schrijven, moest hij zich in allerlei bochten wringen om zowel de klas als het bord in de gaten te houden. Ondanks zijn vindingrijkheid kreeg hij dat maar niet voor elkaar zodat de klas zich tranen lachte om zijn capriolen. Uiteindelijk vond hij een tussenoplossing: hij keerde zijn rug naar de klas, hield tijdens het schrijven zijn rechterarm zo hoog mogelijk op en loerde dan om een hoekje – onder zijn rechteroksel door – achter zich de klas in. Lachen, gieren, brullen geblazen en binnen de kortste keren deed de hele school hem na. Hij kon niet meer in een gang lopen of hij werd op de voet gevolgd door een stuk of wat jochies in de hierboven omschreven houding. Waarmee ik maar wil zeggen dat leraren kwetsbare figuren zijn. Hun hebbelijkheden of onhebbelijkheden worden ogenblikkelijk opgemerkt, vergroot en nimmer vergeten.

Mijn natuurkundeleraar heeft van allen nog de meeste indruk op mij gemaakt. Wij noemden hem bij zijn voornaam: 'Simmetje'. Een naam die wonderwel paste bij zijn oud en bescheiden uiterlijk.

Ordeproblemen heeft Simmetje nooit gekend. Het was doodstil in zijn klas. Als dat niet zo was dan hadden wij hem ook nooit kunnen verstaan, want hij had een hele ijle stem met daarin een aantal zonderlinge klanken. Bepaalde letters sprak hij namelijk verkeerd uit. Van een R en een L maakte hij een J en van een V een W. Met een stalen gezicht kon hij tegen mij zeggen: 'Y*w*onne, ga zitten op de ee*j*ste *j*ij, je bent wee*j* knap *wejwej*end…' en als ik niet meteen deed wat hij zei: '*W*oo*j*uit, je hoo*j* me toch… *w*oo*j*uit Y*w*onne… op de ee*j*ste *j*ij…'

Van Simmetje werd verteld dat hij al zijn leerlingen bij name kende. Ook de leerlingen die al twintig jaar van school af waren. Hij kende hun namen, hij kende hun achtergronden en hij vergat ze nooit.

Om dat te controleren deden wij hem wel eens de groeten van die of die. 'Meneer…' zeiden we dan, 'gisteren hebben we meneer Van den Berg ontmoet, hij heeft bij u in de klas gezeten vijftien jaar geleden en hij vroeg of wij u de groeten wilden doen.'

Simmetje knikte dan lang en zei: '*J*ienus *w*an den Be*j*g, ja… ging Aa*j*d*j*ijkskunde stude*j*en, ja… doe hem die g*j*oeten te*j*ug…'

Hoewel hij een persoonlijk gesprek en zelfs oppervlakkig contact met leerlingen vermeed, wisten wij van hem dat hij zich in de leraarsvergadering zeer geëmotioneerd achter ons kon stellen. Vlak voor de overgang konden zwakke leerlingen worden opgebeurd met: 'Ah jòh, maak je toch niet zo druk. Simmetje kletst je er wel doorheen…' waarbij ik dan ogenblikkelijk moest denken aan de manier waaróp hij dat doen zou:

'Mijne he*j*en, deze *j*ee*jj*ing is bijzonde*j* se*j*ieus, hij heeft *j*euze ha*j*d gewe*j*kt en bo*w*endien heeft hij het thuis e*j*g

zwaaj. Daajom stej ik wooj om hem woojwaajdejijk te be-
wojdejen tot een hogeje kjas...'

Als ik oud-klasgenoten ontmoet, is vrijwel het eerste
dat wij elkaar vragen: 'Zeg, heb jíj nog wel eens wat van
Simmetje gehoord? Hoe oud zou hij nou zijn? Of is hij
soms al dood?'

Maar niemand heeft ooit meer iets van Simmetje gehoord. Hij schijnt in 1970 gepensioneerd de school te
hebben verlaten, terwijl ik dit schrijf, moet hij dus een jaar
of tachtig zijn.

Simmetje... met niemand heeft hij ooit contact aan-
gedurfd... niemand weet iets van hem af... en toch is hij
niet van de aardbodem verdwenen... Hij zit niet in Zwit-
sejjand of in Austjajië, niet in Amejika en niet in Gjieken-
jand... want hij zit híej... Ik heb hem gezien! Gisteren,
toen ik in een straat liep, vlak bij mijn huis... Een stille
straat zodat ik hem al van ver zag aankomen. Zijn houding
was nog steeds recht, hij droeg dezelfde alpinopet van zoveel jaar geleden. Hij liep in de maat, met zijn kin omhoog
en zijn jas – ondanks de kou – nonchalant open.

Simmetje... mijn hele schooltijd trok door mij heen...

Toen we elkaar bijna hadden bereikt, zag ik aan zijn
gezicht dat hij me herkende en ik bereidde me voor op
een allerhartelijkste begroeting, een praatje en een eindje
meelopen met hem.

Maar niets van dat al...

Op één pas van mij af knikte Simmetje me vriendelijk
toe. Zijn wandelstok prikte hij bij wijze van groet de lucht
in. 'Dag Ywonne...' zei hij lief, 'doe woojaj de gjoeten aan
je bjoej Judi en je zustej Gjeet...'

Daarna liep hij door, alsof hij mij de volgende dag wel
weer op school zou treffen...

Die rottotoos

Zaterdagavond, omstreeks tien uur, komt er door onze straat een gemotoriseerd karretje van de Gemeente Reinigingsdienst. 't Mag stormen, 't mag regenen, het karretje komt. Bij de lantaarnpaal voor mijn deur staat het stil en springt er een monter mannetje uit. Zomaar... hupsaké... Zaterdagavond tien uur... het mannetje springt er uit. Hij kijkt om zich heen, raapt een paar propjes op, een krant, een doos en een paar schillen en dan, na de 'grote stukken', neemt hij de bezem en veegt langs de stoeprand het stof bij elkaar. Hij doet dat al jaren. Jaren op zaterdagavond om tien uur. Soms staat er nog een fiets tegen ons raam en dan klopt hij. 'Die fiets...' zegt hij, 'die moettu nog binnen zetten anders roest hij weg of wordt-ie gejat...' En als ik naar buiten kom, staat hij al klaar voor een praatje. Altijd hetzelfde: 'Stikvol auto's hier... ik kan niet eens meer bij die stoeprand zowat... en ik moet er toch bij... kijk es... wat een rotzooi...' Ik kijk en bij wijze van demonstratie port hij met zijn bezem onder de auto's.

Als het niet te koud is, blijf ik nog even met hem praten. Over hoe het vroeger was, zonder auto's, over dat je toen eer van je werk had, over Amerika, 'waar het ook maar een rotzooitje is met die vuilnisstaking alsmaar...' en over Parijs, want 'O-jé-jéé... ben u dáár wel es geweest... dáár is het helemaal een rotzooi...'

Al pratende geeft hij mij het gevoel dat hij een urgent politiek probleem tussen de vingers heeft en ik wacht op Bonn, Peking en Saigon, bereid om mijn weerwoord te leveren op om het even de vuilnis of de politieke situatie aldaar. Want wat kan het schelen mensen, het gaat om de ernst waarmee je de zaken aanpakt.

En passant informeert hij of ik geen gordijnen heb en waarom ik ze dan niet dichtdoe ('iedereen ken zo naar binnen koekeloeren'), hoeveel kinderen ik heb en of zij soms die rotzooi maken, waarom mijn deur altijd openstaat en offie 'em zal smeren als die soms klemt. (Maar dat hoeft niet, want dat doet de pianostemmer al.) Daarna komt hij weer terug op zijn karretje, want: 'Jonge-jonge... dát is mijn trots'.

'Helemaal gemotoriseerd...' zegt hij, 'van binnen en van buiten...' Dat 'van binnen' snap ik, maar dat 'van buiten'...??

'En dan die groenteboeren...' zegt hij en hij wijst naar de overkant, 'die maken een rotzooi... die laten maar waaien... álles... En dan die honden... ook zo mooi... die kakken maar raak... Ze moesten een voorbeeld nemen aan Amerika, daar magge de bazen alleen maar de straat op als ze een scheppie bij zich hebben...' Maar de auto's vindt hij nog het ergste. Vroeger kon hij 'in één haal' de hele rotzooi bij elkaar krijgen en toen had hij nog wel een karretje met een fiets. Zélf trappen moeders... weer of geen weer... maar hij was nog vlugger klaar dan nu met zijn motortje. Want wat had hij er aan, als hij toch steeds weer onder die rottotoos moest... 'Ik weet het niet meer...' zegt hij steeds, 'ik weet het niet meer... maar d'r zál iets moeten gebeuren...' En dat zegt hij met de intonatie van een Parijse student sociologie, maar die staat er weer niet zo alleen voor als mijn manneke.

'Ze moesten die rottotoos verbieden in de stad... dát is het... kan je tenminste lekker bij die stoeprand...' Hij springt weer op zijn karretje en bromt naar de volgende lantaarnpaal. En ik zet mijn fietsje maar binnen, mijn nek brekend over een paar rolschaatsen in de gang en mijn hoofd brekend over Bonn, Peking en Parijs.

Vanavond, zaterdagavond, loop ik in de buurt van mijn huis in een straat met éénrichtingsverkeer. Links staan de auto's geparkeerd en rechts is de stoeprand VRIJ en WIE zie ik daar de straat in brommen? Mijn monter manneke... rechtop in zijn strijdkaros, met zijn linkerhand aan het stuur en met de bezem tussen stoeprand en buik geklemd. Gemotoriseerd veegt hij 'de rotzooi' bijeen van deze hele verrukkelijke Avenue 14 Juillet.

Als we elkaar passeren, zwaai ik hem uitbundig toe en hij, omdat hij bezem noch stuur kan loslaten, klakt met zijn tong. Als de Gaulle in een tank... Vive la France... Vive de stoeprand... dat alle rottotoos het vul-maar-in kunnen krijgen...

De rotzooi spuit alle kanten de stoep op, maar dat hindert niet, want wie ben ik, dat ik het resultaat zou tellen wanneer het middel zo groots... zo onnoemelijk groots kan zijn.

Straatbeeld

De schillenman is in de straat. Een zachtaardige man zonder leeftijd, die zich nog warm kan slaan met beide armen. Een gebaar, zo puur dat het niet meer thuishoort in onze welvaartsmaatschappij. Baanvegers slaan zich warm, lantaarnopstekers en mensen in de rij voor de gaarkeuken. Doen ze het niet, dan laten ze het leven.

De pony van de schillenman heeft twee lege jute zakken over de rug. Om zijn hoofd hangt een mandje met voer. De kinderen van de straat zeggen dat de pony Josefientje heet en op een goeie dag 'wel uit elkaar zal springen' omdat ze zonder onderbreken eet. Het is een fascinerende gedachte dat het dier zijn leven lang door de straten trekt om het voer op te halen dat eens met een geweldige knal zijn leven tot een einde brengen moet. Het is een gedachte die wreed en absurd zal blijven zolang de keten niet verbroken wordt. Zolang het mandje om de pony hangt, zolang de kar met voer ligt, zolang de schillenman zich warm blijft slaan.

Eens heb ik gezien hoe hij met grote precisie zijn buit sorteerde. Het brood ging in een grote kist, beschimmelde stukken werden afgesneden, aardappelschillen apart, groenteafval... en wanneer hij een ongerechtigheid ontdekte, een plastic zakje of een kurk, dan schudde hij zijn hoofd over zoveel onverstand en onbegrip. Terwijl hij sorteerde besprak hij met Josefientje de stand van zaken en zonder twijfel ook zijn levensprincipe. Het dier nam tenminste niet de moeite zijn kop uit de mand te tillen – niets is zo weinig het aanhoren waard als het levensprincipe van een ander.

Op een goeie dag, als Josefientje uit elkaar is geknald, zal de schillenman een grote beslissing moeten nemen: een nieuwe Josefientje voor zijn kar, of een hulpmotor. Maar misschien hoeft dat allemaal niet meer omdat er geen schillen meer zijn en geen koeien of omdat hij niet meer in het straatbeeld past. De eierman met 'Vérse éier...' is toch ook verdwenen? De orgelman heeft allang geen biceps meer. En de man met Berliner Bollen, heeft iemand hem nog ergens gezien? Vroeger liep hij bij ons in de straat met een koksmuts op en een soort dienblad op zijn buik. Hij liep een beetje achterover en om de tien tellen riep hij: 'Berrlíner Bóllè...' Wij, kinderen van de straat, hosten achter hem aan en we riepen in koor: 'Wat heb je in je broek...?' 'Berrlíner Bóllè...' schreeuwde de man onverstoord en achteroverhellend sjokte hij het straatje door.

Voorlopig sjokt mijn schillenman ook nog rond. Voorlopig zet ik eens in de week mijn mandje voor de deur, dat ik 's avonds met enige weemoed binnenhaal, tenminste... als De Grote Verandering niet plaats zal vinden...

De schillenman heeft mij namelijk gevraagd of ik misschien voortaan de schillen in een plastic vuilniszak wil doen. 'Dat is schoner...' zegt hij en: 'Ach ja, mevrouw... we moeten allemaal een beetje meegaan met de tijd...' Het is niet alleen maar schoner, het is volledig steriel, het is rationeel en fantasieloos en ik kan het niet helpen, het maakt mij een beetje triest. En als ik de schillenman aanzie, besef ik, dat hij zich net zo voelt als ik. 'Ach ja...' zegt hij weer, 'wat wil je, we leven in de twintigste eeuw, nietwaar, de eeuw van dat ze de koeien in flats willen stoppen en de mensen in het weiland...'

'En de eeuw van de ruimtevaart...' waag ik heel zachtjes. Van hóe huiveringwekkend ver en hoe duize-

57

lingwekkend hoog durf ik te spreken…?

'De rúimtevaart??' zegt hij en hij wipt een paar keer snel van zijn hielen op zijn tenen. 'De rúimtevaart…???'

Dan ineens spreidt hij zijn armen wijd. Ik denk waarachtig, dat hij de daad bij het woord gaat voegen en met een ongekende kracht het luchtruim in zal schieten. Maar niets daarvan…

Aardser dan aards slaat hij tot tweemaal toe zijn armen om zijn lichaam, wijst hij tot tweemaal toe de ruimtevaart warmbloedig van de hand. Hij glimlacht even en steekt een vinger op. 'Denkt u d'r aan?' zegt hij, 'die plastic vuilniszakken… en niet dicht doen alstublieft, kan ik nog effe kijken of er geen rottigheid tussen zit…'

Hij knikt me toe en draait zich om. Josefientje is nog niet uit elkaar geknald en daarom komt er beweging in haar. Ze klakt loom langs de huizen, de schillenman sukkelt achter haar aan. Zo met z'n tweeën zijn ze nog minder dan een gidsfossiel, nog meer dan verloren in die machtige eeuw van de ruimtevaart.

Een portie bami zonder ei met ei

De kinderen zeuren om pannenkoeken, want ze hebben al zó lang geen pannenkoeken meer gehad en ook nooit meer poffertjes en ook nooit meer… Enfin, als ik hun geklaag zo hoor, moet ik wel geloven dat ik een erg slechte moeder ben. 'Goed,' zeg ik dus, 'vanavond eten we pannenkoeken en dan moet jíj, (dat is mijn echtgenoot die geen pannenkoek meer kan zien) bij de Chinees maar een portie bami halen voor jezelf.'

Mijn echtgenoot, die met een koptelefoon naar een vioolconcert zit te luisteren en mij menselijkerwijs dus niet kan verstaan, voelt aan zijn theewater dat er iets mis dreigt te gaan. Hij tilt één oorklep op en zegt: 'Ik moet zeker iets halen…'

'Ja,' zeg ik vriendelijk, 'één portie bami voor jezelf want…' en ik kom met mijn verhaal dat hem duidelijk aan het denken zet.

'Eén portie??' vraagt hij.

'Ja, één portie… het is alleen maar voor jezelf, ik eet hooguit één hapje van je mee…'

Hij kijkt zwijgend voor zich en ziet in gedachten de hele portie bami in mijn maag verdwijnen. Dus zegt hij: 'Ik zal tóch maar twee porties nemen.'

'Nee…' roep ik, 'doe dat nou niet, ik eet één pannenkoek met de kinderen mee en dan maar zó'n beetje (ik wijs tussen duim en wijsvinger iets minuscuuls aan) van jou.' Zijn gezicht staat wantrouwend als hij zegt: 'Er zit altijd maar één ei bij, dat weet je hè…'

'Ja, dat weet ik,' zeg ik, 'en ik zal er heus geen ruzie om maken.'

'En die Chinees vraagt altijd of ik dat ei wil hebben, of daarvoor in de plaats een schep bami…' Hé… dát is nieuw voor mij, ik betwijfel zelfs of het waar is. 'Wat een onzin,' zeg ik dus, 'dat verzin je maar, je bent gewoon bang dat ik jouw ei zal opeten. Weet je wat je doet, vraag dan maar die schep bami extra aan die Chinees dan bak ik er zelf wel twee eieren bij.'

'Zie je wel…' zegt mijn echtgenoot, 'je wilt dus tóch een ei… En wíe garandeert mij dan dat je ook niet mijn bami opeet.'

Zijn logica maakt me werkelijk kriegel, dus pak ik een pan om er een eind aan te maken. 'Hierzo,' zeg ik, 'de pan en haal gewoon voor jezelf één portie bami zonder ei.'

Hij schudt een beetje warrig zijn hoofd en gaat zijn jas aantrekken. Daarna pakt hij de pan en ik zie hem in ge-dachten herhalen: 'Eén portie bami zonder ei, met daar-voor in de plaats een schep bami…' enfin, hij zoekt het maar uit, ík moet pannenkoeken bakken.

In de keuken zoek ik de ingrediënten bij elkaar: meel, melk, eieren…

Hé… ik had toch nog eieren… lieve help, wat krijgen we nou, ik héb geen eieren meer… Ik loop mijn echt-genoot achterna en ik kan hem nog net door het auto-raampje aan zijn jasje trekken. 'Ik heb geen eieren meer,' zeg ik 'en alle winkels zijn dicht, dus vraag maar twee eie-ren extra aan die Chinees… of nee… vraag er maar tien…' Ik besef dat het ingewikkeld gaat worden, maar nou ja, ik kan er ook niets aandoen. Vlak voor hij wegrijdt zegt mijn echtgenoot toonloos: 'Eén portie bami zonder ei, met daarvoor in de plaats een schep bami… en dan nog…' Hij kijkt mij vragend aan, maar ik maak dat ik weg kom. Laat hij zelf maar zien hoe hij daar uit komt. Nou, dat komt hij kennelijk niet want als hij na een half uur binnenwandelt, heeft hij zijn armen vol. Ik zeg: 'Wat heb je nóu gekocht?'

Hij stalt uit: een zak pinda's, een pot sambal, een fles ketjap, twee zakken kroepoek, zakjes boemboe, satésaus, alle mogelijkste kruiden, knoflookpoeder, pakje haaienvinnensoep, pakje vogelnestjessoep, bier, limonade... én iets tegen verkoudheid... De vraagtekens springen van mijn gezicht af, maar hij tilt rustig het deksel van de pan en ik zie: één portie bami zonder ei, met daarvoor in de plaats etc... en er bovenop een zak kapotte eieren.

Hij doet het deksel dicht en zegt: 'Alsjeblieft... voortaan haal je zelf maar bami...'

'Maar wat is er dan gebeurd?' vraag ik. Hij doet kalm zijn jas uit en zegt: 'Vraag jij maar es aan een Chinees die geen twee woorden Hollands spreekt: Mijnheer, geeft u mij één portie bami zónder ei en dan graag met twee... o nee, tíen eieren... Zo'n man móet toch wel in z'n zenuwen een zak eieren laten vallen... en ik moet toch wel de hele toonbank leegkopen om mijn gezicht te redden.'

Ja-ja... denk ik... voorlopig zit ik met vogelnestjessoep, de gebruiksaanwijzing in het Chinees... en dan nog die troep in die pan... mooie boel... die kinderen ook altijd... met hun pannenkoeken...

Giro

Ik ben als de dood voor instanties. Voor grote gebouwen met draaideuren of deuren die vanzelf opengaan. Voor marmeren vloeren, elektrische klokken, loketten met mensen die me door een luikje aanloeren en tegen me praten door een soort zeef.

Als ik bijvoorbeeld bij de bank moet zijn, ga ik daar eerst eens vijf minuten op een stoeltje zitten. Dan neem ik de bordjes boven de loketten goed in me op. Cheques, Wisselen, Informatie... bordjes zat. Pas als ik er helemaal zeker van ben, dat ik niet achter de verkeerde rij ga staan, kom ik overeind. maar ik blijf op mijn qui-vive want die zonderling achter het loket kan wel eens een onverhoedse uitval naar me doen. Ja, ja... een psychiater kan goudgeld aan me verdienen.

Of misschien ook niet want ik heb zelf ook een verklaring voor mijn gedrag gevonden. In de hongerwinter was het namelijk mijn taak om in de rij voor de gaarkeuken te staan. Er waren altijd twee rijen, twee gamellen en twee opscheppers. Ik koos altijd heel zorgvuldig de rij met 'de aardige opschepper', in de hoop een kwakje extra te zullen krijgen. Op een dag was 'de aardige' weg en moest ik kiezen tussen 'de niet zo aardige' en de nieuwe opschepper. Ik koos de laatste. Langzaam schuifelde ik met mijn emaille pannetje door en toen ik aan de beurt was hield ik het – zoals ik gewend was – bóven de gamel. Maar dat beviel de nieuwe niet. 'Opzij, opzij...' riep hij en hij bedoelde dat ik mijn pannetje náást de gamel moest houden. Ik begreep het niet en hield het stug boven de gamel. Ineens sloeg de nieuwe met zijn opscheplepel hard tegen mijn pan zodat de stukjes email er af vlogen. Ze kwamen allemaal terecht in de gamel en normaal gesproken zou de inhoud oneetbaar geworden zijn. De nieuwe keek een moment zwijgend naar de drijvende stukjes in het drab. Toen greep hij me plotseling bij de schouders en rammelde me door elkaar. 'Dat rotkind heeft de koolsoep verpest...' riep hij. Mijn pannetje drukte ik tegen me aan en toen ik voelde dat ik werd losgelaten, vluchtte ik de gaarkeuken uit. Zonder koolsoep uiteraard zodat mijn moeder weer in de rij kon staan. Jammer voor de psychiater, maar ik weet dus zelf waar mijn angst voor rijen, grote gebouwen en autoriteiten vandaan komt. Ik geloof dat ik er direct van genezen zou zijn, als ik staande voor het loket kon zeggen: 'Hé... ik heet Yvonne, hoe heet jij eigenlijk?'

En het loket: 'Ik ben Manusje van Alles... je kan het zo gek niet bedenken of ik heb het en ik doe het... dus zeg het maar meid...'

Maar zo is het nu eenmaal niet. En daarom blijf ik zitten met mijn angst. Hoewel... één uitzondering is er toch. Als ik in het postkantoor ben, heb ik nergens last van. Daar heerst naar mijn gevoel een soort kneuterige, dorpse bedrijvigheid waarbij ik me helemaal lekker voel. Gezellige posters aan de muur met: 'Laat eens iets van je horen...' en 'Giroblauw past bij jou...' En soms vertonen ze reclamedia's van Hendrik-Jan de Tuinman en dolle vliegvakanties. Het is é-nig gewoon. Je komt voor je lol betalen. Op het girokantoor ook, daar zitten zulleke aardige mensen. Ik vind het gewoon leuk om een giroafschrijving in de bus te krijgen. Want altijd staat er wel iets gezelligs bij geschreven: 'Postgiro en Rijkspostspaarbank wensen u een Voorspoedig 19 zoveel' Of: 'U heeft een saldotekort.

Houdt u rekening met administratiekosten.' Niet: 'U staat nu al maanden bij ons in het krijt. *Aanvullen. Laatste waarschuwing.*' Nee: 'Houdt u rekening...'

Dat doet me toch wel wat, het is zó persoonlijk hè.

En dan zit er ook een hele aardige meneer op het girokantoor, die tikt al jaren op mijn afschrijvingen: *U krijgt zo nieuwe girokaarten.* Dat zo hè, dat klinkt me toch vriendelijk in de oren, net of die zegt: 'Meid, maak je maar niet druk, verbras je kaarten maar lekker want je krijgt zó nieuwe hoor...' Ja, als ze komen tenminste. Laatst kwamen ze niet en toen ben ik eens op gaan bellen. Maar toen had ik pech, want ik kreeg niet die aardige Oom Giro aan de telefoon maar een venijnig schepsel.

'Juffrouw,' zei ik, 'ik zou toch zó nieuwe krijgen, nou, waar blijven ze dan?'

'Wát nieuwe, hoezó nieuwe...' snerpte ze terug.

'Nou, zó nieuwe,' zei ik, 'U krijgt zó nieuwe girokaarten, staat er toch?'

'U moet beter lezen,' zei ze, 'U krijgt *twintig* nieuwe girokaarten, staat er... en niet zo...'

'Oh,' zei ik, ernstig teleurgesteld in het hele girowezen want zo valt bij mij stukken intiemer dan *twintig.*

'Ja, moet u ze nou hebben of niet...' krijste de stem.

'Heeft u soms een opscheplepel in uw hand?' vroeg ik.

Het bleef stil aan de andere kant.

'En staat u soms naast zo'n grote gamel met koolsoep er in?'

Ze legde de hoorn neer. En ik deed het ook maar...

'Ach ja...' dacht ik, 'de pret van de giro heeft dat schepsel me wel ontnomen.'

Een avond van papier

Vier mei, 's avonds, 1945... Een stukje Laan van Meer-
dervoort in Den Haag. Afgekapte bomen, tramrails uit
hun verband, asfalt met gaten. Vóór het huis van de familie
B. een gillende vrouw: 'Hij heeft mijn zoon aangegeven,
nu zal hij er voor boeten...' Een man kwam op haar toe-
snellen. Een paar huizen verder gingen ze naar binnen.

Vreemde mensen omhelsden elkaar. 'Ze hebben geca-
pituleerd...' Een vrouw versierde haar huis met gouden-
regen. Ze stond op een trapje, twee kinderen hielden haar
benen vast, want ze was duizelig door ondervoeding.

Het hondje van 729, dat de oorlog had overleefd, kon
zich weer vertonen zonder angst opgegeten te worden.

Mevrouw L. had een dochter in Indië. Wist iemand
ook hoe het dáár met de oorlog stond?

Tante Pinie hing ergens boven uit een raam kou te vat-
ten. Ze was zich aan het wassen toen het bericht van de
capitulatie haar bereikte.

De vrouw van de bakker speelde het Wilhelmus op een
orgel. De mensen voor haar raam zongen mee, steeds dat
Wilhelmus, ook toen het orgel psalmen liet opklinken.
Ergens sloot een man de gordijnen. Zijn zoon was op 8
maart gefusilleerd, wat had hij met De Vrede te maken?

Het jongetje S. pestte zijn zusje. 'Schei uit,' zei zijn
moeder, 'ga feestvieren jullie...'

En achter de vitrages mevrouw D. Als háár Truusje niet
met Duitse officieren had aangepapt, dan... ja dan... Als
dertienjarige dwarrelde ik hier doorheen. Aan mijn hand
een vierjarig nichtje, in pyjama, jasje eroverheen.

'Vrede is brood eten zoveel als je wilt...' zei ik haar, 'en hou me goed vast want anders raak ik je kwijt…' We hosten mee met een meneer die zijn broek vast moest houden, zo mager was hij geworden. Iemand gooide een hoed in de lucht. Ineens regende het hoeden. Joelende mannen zochten hun eigendommen terug. Eén bleef er liggen, die zette mijn nichtje op. Pyjama onder haar jasje… gekke hoed op… dat was vrede, begreep ze.

We holden de straat over, balanceerden op de tramrails die boven het wegdek uitstaken. Dan plotseling vuurwerk. We lieten ons vallen tussen de rails en kropen voorwaarts op onze buik. 'V-één…' snikte mijn nichtje. Ik trok haar naar me toe. Zo bleven we liggen tot iemand ons ophees. 'Het is toch maar vuurwerk, niet zo bang zijn jullie…'

We hosten weer verder. Ergens midden op straat had iemand een oude grammofoon gezet. Mevrouw V. zat ernaast te huilen, van de zenuwen, zei ze.

De nummers 723 en 719 legden hun ruzie bij. Die ging nog over een boom die 723 had gekapt, terwijl 719 er een oogje op had laten vallen. En omdat wij erbij stonden werden we in de wangen geknepen.

Ineens was daar mijn moeder. Losse, bijna steile haren. 'Hans en Bep kunnen nu gauw trouwen,' zei ze. Dat sloeg nergens op, vond ik. Wat wist ik van 'wachten tot de oorlog is afgelopen'?

'Wordt die kleine niet te moe?' vroeg mijn moeder. O nee… ik sleepte haar gauw verder, de straat was nog nooit zo'n wonder geweest.

Maar 'die kleine' werd toch moe. Geen nood. Mevrouw van 705 liep met een kinderwagen. Zo'n oude met een diepe bak. Er zat al een peuter in en er kon er best één bij. Nu moest ik bij 705 blijven. 'Wat denk je?' vroeg ze steeds, 'Zou mijn man gauw terugkomen?'

705 begon me te vervelen. En de kinderwagen begon haar weer te vervelen. We kwamen tot een compromis: zij zou even rondkuieren en de kinderwagen zou bij mij blijven. De inhoud uiteraard ook, maar dat gaf niet, want die inhoud sliep. Een groepje huppelende mensen kwam de hoek om. Achteraan liep Martientje. Broodmager. Ze droeg een vlag met een sikkel en een hamer. 'Is dat?' vroeg ik. 'Van Rusland…' en dan in de vlucht: 'Kom mee joh…'

Ik hobbelde erachteraan. Martientje kon niet meer. Ik bood aan de vlag over te nemen, maar dat wilde ze niet. Hij mocht wel aan de kinderwagen. Iemand had een touw. De vlag voorop, duwden we samen de wagen.

Bij de Bethlehemkerk begon mijn nichtje te huilen. 'Waarom breng je haar niet naar huis?' vroeg Martientje, 'En hoe komen jullie aan dat kind?'

Mondje dicht… flitste het door me heen, dat was er zo ingepompt.

'Nou?' vroeg Martientje. 'Gewoon… ze slaapt in mijn kamer, mijn moeder zegt dat ze nu mijn nichtje is…'

Martientje grinnikte. Geen woord over de illegale die haar op een avond kwam brengen. Geen woord… Het was nog te vroeg voor woorden.

'Straks maakt ze dat andere kind wakker, zeg es dat ze stil moet zijn…'

'Ga maar liggen,' zei ik.

'Ja, maar ik heb het koud…' Het kleine ding probeerde uit de wagen te komen. Martientje wees naar de vlag. 'Die kunnen we over haar heen leggen.'

We maakten het touw los. Mijn nichtje stak een puntje vlag in haar mond en suste zichzelf in slaap. Martientje duwde de wagen. Ik hield de stok vast.

'Ik ben duizelig,' zei Martientje, 'ik heb vanmiddag boter gegeten.'

'Laten we dan even gaan zitten...'

Martientje liet zich ter plaatse tegen de wagen zakken. 'Ik heb es een keer een hele kluit boter opgegeten,' zei ze, 'dat was in november. Mijn broertje en ik hadden lakens geruild bij een boer in het Westland. We kregen die boter. Maar op de terugweg werd er gecontroleerd en toen hebben we alles maar opgegeten. Ziek dat we werden...' Martientje sloot haar ogen. Om ons heen dansten de mensen. Ik ging voor haar staan, want anders zouden ze over haar vallen.

'Laten we maar omkeren,' zei ik, 'die mensen hier kennen we niet.'

Martientje krabbelde overeind. Bij het Chrysanthplein kwamen we 705 tegen. Helemaal hodeldebodel tolde ze rond.

'Old soldiers never die...' en nog meer van die liedjes. Ze zag de kinderwagen en liet een paar handen los. Dan legde ze mijn nichtje in mijn armen. Die was meteen wakker en trok de vlag om zich heen. 705 keek naar het andere kind. 705 begon te huilen. Iemand kwam naar haar toe, duwde met één hand de kinderwagen voort. De andere hand was nodig om 705 op te been te houden.

Ineens stond mijn moeder naast me. 'Geef die kleine nou maar, ze moet naar bed.' Ik sprong achter haar aan. Hoste nog vlug even met iemand mee. Aan de overkant steeg gejoel op. Even kijken... dan weer terug... hup-hup... schotsje springen op het asfalt... nog wat balanceren op de tramrails...

Tante Pinie hing er niet meer.

Mevrouw L. had iemand gevonden die wat over Indië wist.

Het orgel bij de bakker zweeg.

Mevrouw D. zat nog steeds achter de vitrages.

Ik zag dat mijn moeder de gordijnen van mijn kamer sloot. Mijn nichtje ging slapen. Ik probeerde op mijn handen te staan tegen onze voordeur. Het lukte niet erg. Maar iemand kwam me aanmoedigen. Nog es proberen... Ik kukelde opzij en ging suffig naar binnen. Mijn moeder bekeek me van top tot teen.

'We gaan je nu gauw dikker maken...'

Ik knikte, het lawaai van buiten zong nog in me na. 'Het is net een avond van papier...' zei ik. Mijn moeder keek verwonderd op. 'Dat kan toch niet...' lachte ze. Nee... dat kon natuurlijk niet...

Ik ging maar slapen, duizelig... helemaal duizelig...

Maar dat kwam door niet-eten, zei mijn moeder.

III

Dames

Marie

Gedurende vijf jaar was ik op zoek naar een werkster. Onafgebroken wierp ik me in de strijd. Via advertenties presenteerde ik mijn gezin als 'rustig', mijn woning als 'modern en gerieflijk' en mijn kinderen als 'schoolgaand'. Ik vermeed het aantal te noemen, want met drie wist ik me zo goed als kansloos.

Zo nu en dan ving ik een keurige dame die bereid bleek in de huishouding te assisteren tegen een tarief dat een praktiserend geneesheer zou doen watertanden. Of een nog keuriger dame die alleen in staat was mij haar gezelschap aan te bieden. Zij vormden voor mij geen enkel gevaar, want alleen al de aanblik van mijn 'moderne, gerieflijke' woning (waar je op elke vierkante meter je nek kan breken) deed ze onmiddellijk smoesjes verzinnen om de buitendeur te bereiken. Nee, de andere groep was gevaarlijker. De groep van stevige armen en benen, mevrouw-waar-staat-het-trapje, en wilt u er rekening mee houden dat de groene zeep op is, de spons stinkt en de zeem aan flarden ligt. Dát zijn de vrouwen uit één stuk die gevochten hebben voor het kiesrecht maar dat nu vergeten zijn. De vrouwen die voor elke zucht betaald willen worden en terecht.

'Mevrouw, is het de bedoeling dat ik die badkamer iedere keer doe? Nee toch zeker? Nee, dán is het goed.'

'Mevrouw, vindt u het goed om éérst koffie met mij te drinken want dat ben ik zo gewend.'

'Mevrouw, ik zie dat u het eten klaar maakt, wil u er wél aan denken dat ik geen kaas lust, vleeswaren wel, maar dan geen leversoorten die liggen zo flauw op mijn tong, róókvlees kan en eigenlijk kan alles als het maar pittig is, rosbief bijvoorbeeld heb ik liever niet.' (Alsof ik een ijskast vol vleeswaren heb.)

Voor deze vrouwen ben ik altijd bang geweest. Instinctief bang. Want ze hebben míj uitgezocht om bij te gaan werken. Ze hebben mij, mijn huis, mijn gezin getaxeerd en gedacht: 'Die tante ben ik de baas, daar kan ik rustig komen.' Soms dacht ik met weemoed terug aan onze Marie van vroeger die achttien jaar bleef en huilde toen ze wegging. Marie die de spil was van mijn ouderlijk tehuis. Maar de Maries, dacht ik, zijn uitgestorven en dat is goed zo. De tijden zijn veranderd, de sociale voorzieningen verbeterd, de Maries hoeven niet meer in de afdankertjes van hun mevrouwen te lopen, nee, het is uitstekend zo.

Ik adverteerde en adverteerde en áls er zich iemand aandiende, wist ik gewoon niet wat ik doen moest om het haar naar de zin te maken. De zware dingen in huis deed ik zelf en ik sleepte almaar met kopjes koffie. Vijf jaar lang heb ik dat op die manier volgehouden. Met werksters voor wie ik als de dood was. Maar ineens had ik er genoeg van. Ik plaatste een advertentie: *Gevraagd: een stevige werkster voor mijn oude, omslachtige huis. (Twee trappen) Moet alles doen in aanwezigheid van drukke mensen. Loon naar prestatie, want zo krijg ik het ook.*

En zie, wat gebeurde...

Er meldde zich een vrouw die ik het best kan omschrijven met 'type Marie'. Ze bekeek het zaakje eens en zei: 'Wat wilt u?'

Ik ratelde mijn wensen op en ze bekeek me van top tot teen. Ten slotte zei ze: 'Ik heb net zo'n dochter als u ben... die ken ook niks...' Daarna negeerde ze mij en verkende het huis. Toen ze bij me terugkwam zei ze: 'Het wordt hoog tijd dat daar de bezem doorheen gaat… ik kom donderdag…'

Ze kwam en ze komt al járen. Ze organiseert alles op haar eigen manier. Ze wenst geen bemoeienis van mijn kant, ze neemt waar ze recht op heeft en geeft nog veel meer.

Een paar dagen geleden was ze bezig de straat te schrobben, toen het werkstertje van de buren dat ook deed. Marie – want zo noem ik haar heimelijk – ergerde zich duidelijk aan de werkwijze van haar jonge collega. 'Je moest je schamen,' riep ze haar toe, 'dagdieven benne net zo erg als landverraders…'

De jongedame – op discoschoentjes – kwam laks naar haar toe en bleef kijken hoe Marie doorploeterde. 'Zo…' zei ze ten slotte, 'Jíj zal lekker afgedraaid zijn vanavond…'

'Ik voel me kiplekker vanavond,' zei Marie, 'ik ga met mijn benen op een stoel naar de televisie kijken en mijn dag is weer rond.'

Het meisje begon te lachen. 'Phoe…' zei ze, 'weet je wat ik denk?… Ik denk, jij bent geloof ik een beetje hier…' en ze tikte tegen haar voorhoofd. Marie ging breed voor haar staan en keek haar berispend aan. 'Het gaat niet om wat jij denkt,' zei ze, 'het gaat er om: *wat denk onze Lieve Heer*…' Ze pakte emmer en bezem en stapte verontwaardigd naar binnen.

Survus

'Heb je het al gehoord?' vraagt een mevrouw die met een volle wastas de Wasserette binnenstormt, 'mijn klók is gestolen…'

De juffrouw van de Wasserette slaat de handen verbijsterd in elkaar. 'O wat erg, die mooie klok van je?'

'Ja, die antieke, die op het tafeltje bij de haard stond, 't is een hele dure, nog van mijn oudoom was die…'

'O wat erg… hebben ze ingebroken?'

'Nee, ik weet precies wie het gedaan heeft, die timmerman die bij ons heeft gewerkt, maar hij heeft een valse naam en een vals adres opgegeven… O, als ik je dat vertel…' De mevrouw slaat haar ogen ten hemel, haalt diep adem, bevochtigd haar lippen en steekt van wal.

'Ik wou toch dat verlaagde plafond weetjewel… nou, ik ging naar de verfwinkel en ik vroeg: "Weet u soms iemand die bij mij een verlaagd plafond kan maken?" Nou en toen stond er een klant in de winkel en die zegt: "Zoekt u iemand? Een verlaagd plafond wou u? Ik wil het wel maken…" Enfin, we spreken af, hij komt eerst kijken en reuze aardig is hij, hij kan meteen beginnen, dus ik als een kind zo blij. En duur was hij ook niet en hij werkte door en nétjes, dus ik denk: Laat ik hem maar gelijk het balkon laten doen en nog wat dingetjes, wat planken in de gangkast erbij, enfin, je kent dat wel. Nou en wij zouden toch met vakantie gaan de Pasen, dus zeg ik: Meneer, het zou zo fijn zijn als het voor de Pasen allemaal klaar is, dan gaan we strakjes weer knap de zomermaanden in. En hij zegt: "Komt voor mekaar mevrouw, ik zal zien dat 't klaar is vóór u weggaat." Enfin, al met al zit hij toch nog goed een maand bij ons, maar hij dringt zich niet op, je hebt niet eens in de gaten dat hij er is. En de laatste dag, ik zit al te pakken, zegt hij ineens: "Mevrouw, ik kom vanmorgen uit mijn auto stappen en ik loop naar uw deur en ik kijk zo eventjes bij u naar binnen en ik zie ineens dat mooie klokkie van u op dat tafeltje staan. Nou is het niet erg dat ík het zie, maar vandaag of morgen ziet ook een ander het. D'r hoeft maar één iemand zijn hondje uit te laten en dat beessie staat stil bij uw pui en die persoon kijkt naar binnen en zegt: 'Hé, wat ziet mijn oog? Een klokkie... potverdrie wat een mooi klokkie is dat...' Dus ik sta voor uw deur vanmorgen en ik denk: Die mevrouw die gaat op vakantie strakkies en als ze weerom komt dan is d'r klokkie nog weg. Dus denk ik: Ik zal d'r zeggen dat als ze straks weggaat, dat ze dat klokkie dan weg moet bergen..."

Maar ja, dat kan nou juist niet want het is een heel oud klokje, nog van mijn oudoom en je mag het niet verschuiven en niet versjouwen want anders gaat het van slag af en d'r is niemand meer die dat in orde kan maken. En dat zeg ik dus en hij blijft zijn hoofd maar schudden en roepen: "Oh-oh-oh, wat vind ik dat jammer, d'r hoeft maar één iemand naar binnen te kijken en die houdt het huis in de gaten en die ziet dat de buurvrouw de plantjes komt begieten..." "Ja, wat moet ik dan?" vraag ik en ik word al helemaal zenuwachtig en eigenlijk is voor mij de hele vakantie al naar de maan.

"Nou ja..." zegt hij, "als u het dan niet versjouwen mag, dan zou ik er maar een stollepie op zetten."

"Een stollepie?" zeg ik. "Ik heb heel geen stollepie, hooguit een doek, dan zal ik die er maar overheen hangen."

"Nee, geen doek," zegt hij, "want dan staat de boel

juist op te vallen. Als er dán iemand naar binnen kijkt dan denkt die meteen: 'Aan de vorm te zien zit daar een klokkie onder...' Nee, geen doek, u kan veel beter een stollepie nemen..."

Enfin, we zitten zo te praten en hij heeft me best bang gemaakt en dus zeg ik: "Kan u er nou niet iets op verzinnen?"

"Nou, weet u wat," zegt hij, "als we nou straks afgerekend hebben dan maak ik voor u als survus nog even vlug een soortement kistje om over die klok te zetten. Dan schuif ik dat kistje voor u over die klok heen en dan kan u strakkies met een gerust hart op vakantie gaan."

Enfin, om kort te gaan, ik reken met hem af en hij gaat daarna de maat nemen en timmeren en intussen ben ik aan het koken gegaan en als hij klaar is, roept hij mij en zegt: "Kijk mevrouw, nou heb ik dat kistje klem hierover heen geschoven, dus niet aankomen meer, als u straks terugkomt dan haalt u het er voorzichtig af en dan hebt u tenminste u klokkie nog."

Goed... hij pakt zijn spullen bij elkaar, zijn gereedschappenkist en nog een hele grote doos met overgebleven stukjes hout van het plafond en dat stopt hij allemaal in zijn auto en hij wenst me nog een prettige vakantie en dan gaat hij weg. Nou... en wij komen terug gisteravond, fijne vakantie gehad, eerst de auto uitgeladen en als de kinderen naar bed zijn denk ik: Zo... nou even dat kistje van mijn klokje af... en je raadt het nooit... ik til dat kistje op en d'r zit helemaal niks onder... En ik zeg tegen mijn man: Arie, moet je nóu komen kijken... die slampamper heeft het klokje van mijn oudoom in die hele grote doos met stukjes hout het huis uitgemoffeld... zou je zo'n vent niet in z'n hart knijpen...?'

Prinsjesdag

Op het Binnenhof zal iets gaan gebeuren want er worden dranghekken neergezet én er komt een ijscoman aantingelen.

'D'r komt een demonstratie,' zegt een opgewonden mevrouw, 'of ze bieden handtekeningen aan, dat kan ook, wat denkt u, kan ik nog even naar de Hema of niet?'

Mevrouw geeft gelukkig zelf het antwoord: 'Nee, laat ik maar hier blijven dan ga ik straks wel naar de Hema, ik moet van die pakken watten hebben weet u wel, maar dat doe ik straks wel, eerst even kijken naar die demonstratie…'

Ze gaat zitten op een bankje in de buurt van de fontein en het spreekt vanzelf dat ik me bij haar voeg.

'Verleden week,' zegt mevrouw, 'was er ook een demonstratie met spandoeken en met van die borden op d'r lui rug met allemaal eisen enzo en een hoop politie erbij en spreekkoren en getoeter van auto's… ik mag dat wel, een beetje leven om me heen, 't is anders maar een dooie boel hier op het Binnenhof, vindt u niet?' Na een bevestigende knik van mij gaat ze verder.

'Bent u op Prinsjesdag nog gaan kijken naar de Koningin? Nou… ik niet hoor, vroeger ging ik altijd maar de laatste jaren niet meer hoor, ik vind er niks meer aan, niks geen sfeertje meer en niemand meer met oranje enzo… nee, ik kijk thuis wel naar de televisie… hoewel… met bloedend hart hoor, want als ik nog denk hoe dat vroeger ging… Ik weet nog wel, als kind, lang voor de oorlog was dat, dan was het hét uitje, gingen we altijd met ons moe, namen we van die kleine klapstoeltjes mee, 's morgens vroeg de deur uit en dan gingen we daar op die hoek, bij Lensvelt was dat vroeger, gingen we daar op die hoek zitten wachten van 's ochtends achten af. En m'n moe almaar de kinderen tellen, is Appie er nog en is Rietje d'r nog en zeg es tegen Lenie dat ze uit de markies van Lensvelt moet komen… en dan kreeg díe weer een klap en dan die weer… en boterhammetjes mee in een zakkie en een fles met limonade die helemaal lauw was geworden… ja, mooi was dat vroeger met klapstoeltjes kijken naar de Koningin op Prinsjesdag… Nachten van tevoren konden we er al niet van slapen en dan was het eenmaal zover en dan moesten we eerst helemaal lopen vanaf de Gouverneurlaan met z'n allen want de tram dat was een soort luxe, daar ging je alleen in wanneer je met je armen en je benen onder een wals was gekomen, die was niet te betalen voor mensen zoals wij… Enfin, dan zaten wij daar dus op die hoek bij Lensvelt… nou ja, záten… ik had nooit rust hè, ik klom altijd overal op of onder en dan kwamen die paarden op je af… doodsbang was ik dan… u weet wel, die paarden van de bereden politie… Mijn ene zus Rietje bleef altijd netjes bij mijn moeder in de buurt maar ik had dus geen rust in m'n lijf en ik was altijd weg en dan af en toe kwam ik effe vragen: Is de koets er nou nog niet en hoe lang kan het nog duren?… maar dan gelijk smeerde ik 'em weer, overal onderdoor en tussenin, overal kijken en altijd weg. Ik heb nog nooit de koets kunnen zien want ik was altijd weg… Alleen die ene keer dan hè… toen kwam de koets er aan en mijn moeder zag me ergens staan waar ik 't natuurlijk nooit kon zien en toen schreeuwde ze ineens over al de hoofden heen: Moet je hier komen kijken, ken je de Koningin recht in d'r fasie zien… Nou en ik hè… ik stomp me dwars door de menigte heen… ik heb me er doorheen geslagen alsof ik voor m'n leven moest vechten… en inene neem ik een sprong en ik vlieg zo vlak voor die enge paarden langs de straat over en ik heb me heel dicht tégen mijn moeder aangedrukt en zij sloeg d'r arm om me heen en zó hebben we gestaan, stijf tegen elkaar aan... de koets kwam vlak langs ons, ik kon de Koningin zó een handje geven... en zoals die mijn moeder aankeek, ik geloof vast dat ze het gehoord heeft van die fasie... Nee, wij vroeger gingen kijken omdat het zo fijn was om met z'n allen tegen elkaar aan te duwen en om de muziek en om die enge paarden enzo... en mijn moeder die ging om de Koningin, dat weet ik zeker. Dan had ze zo'n roodwit en blauw strikje op d'r japon en ook nog op d'r jas en een opgewonden kleurtje van de opwinding. Nee, mijn moeder zou zich doodschamen als ze zou horen dat de mensen tegenwoordig niet meer de moeite nemen om op Prinsjesdag naar de Koningin te kijken en dat ze onderuitgezakt naar de televisie liggen te kijken naar wat voor jurk de Koningin nou weer aangetrokken heb en of ze nou een hoed mét of zonder veren op d'r hoofd heb zitten... Nee, bij mijn moeder ging het er om dat je de Koningin eenmaal per jaar van man tot man recht in d'r fasie kon kijken, want het was haar Koningin, van vlees en bloed die net als zij de kippenkoorts kon krijgen... 't Is zonde dat wij tegenwoordig allemaal voor de televisie blijven hangen, ja... ook zonde van mij natuurlijk, dat weet ik best. Maar ja, ik ben het me tenminste nog bewust en ik sta me d'r tenminste nog voor te schamen. En als ik daar dan zit, dan leg ik niet onderuit, dan denk ik weer aan m'n moeder met d'r strikkie op d'r jas en dan hoor ik haar weer zeggen: Moet je hier komen kijken, ken je de Koningin recht in d'r fasie zien... En u ken me geloven of niet, mevrouw, maar dan komen de tranen me in de ogen omdat ik dan weer éffe dat gevoel krijg van "lekker met z'n allen tegen elkaar aan lopen dauwen"...'

Niks nie eenzaam meer

'Eenzaam mevrouw?' zegt de dame naast me in de trein, 'ik weet best wat dat is hoor... Ik ben tweemaal weduwe, tweemaal alleen komen staan. De eerste keer toen de jongens nog klein waren en dat viel niks mee hoor. Twee apen van jongens van 10 en 12, die heb ik eerst door de Mulo geduwd. Vroegen ze me 's avonds: Moe, waar leg Wladiwostok? En: Moe, wat zijn dat, isobaren?... Enfin, toch mooi d'r doorheen geduwd. Nooit es een keertje uit, altijd thuis voor de jongens en als ze in bed lagen en later toen ze uitgingen, dan zat ik toch mooi alleen met m'n handwerkje of met m'n bibliotheekboek. Nog de technische school achter de rug en toen daarna heb ik dus kennis gekregen. Ja, eerst dacht ik: geen bindingen meer. Maar ja, toen de jongens verkering kregen en altijd bij de meisjes bleven, toen ben ik gaan denken: Waarom eigenlijk niet? Dus zeg ik: Doe dan maar... en wij er toch een aardig dagje van maken, dus was ik weer getrouwd. Maar niet verhuisd hoor, altijd in hetzelfde huis gebleven. En alles ging goed, nog naar Oostenrijk geweest, een keer naar Zwitserland en Luxemburg en een caravan in Oisterwijk. En fietsen, veel fietsen, we waren gek op fietsen. We kochten twee nieuwe fietsen en we gingen zondags fietsen. En es even kijken, ook nog d'r tussendoor vaak naar kennissen toe en ook nog een ander echtpaar, daar gingen we ook mee fietsen. Enfin, veel gedaan moet ik zeggen in die zeven jaar. Ook veel gezien. En ook veel thuis natuurlijk. Zonnig balkon aan de achterkant en op goeie voet met de benedenburen, die hadden een mooie tuin, ook aan de achterkant, konden we mooi op zien. Veel gezeten op dat balkon, ja heel veel gedaan in die zeven jaar... Maar wat is zeven jaar, het is te kort. Maar ja, je doet er niks aan. Tweemaal weduwe zeg ik al. En de tweede keer was een complete verrassing. Zo loopt die rond, zo leg die dood. En daar sta je dan. Eerst heb je het druk, veel te regelen met brieven beantwoorden en iemand aan de telefoon en hij had nog dochters uit zijn eerste huwelijk, daar waren we goed mee en die zeiden ook Moe tegen mij. En die kwamen dus vaak, ja eerst nog wel. Maar ja, van lieverlee dan wordt dat anders. Dan denk je ineens: Hé... vandaag heb d'r niemand gebeld... en als je opstaat: Hé... d'r valt helemaal niks meer te regelen... En dan ben je alleen en dan denk je: Waarom zou ik de wekker nog zetten. En dan begint het ermee dat je niet meer gaat koken omdat je denkt waarom zou ik nog koken voor die ene mond? En dan knabbel je wat van dat knäckebröd en daar leg je een plakje kaas op en een stukje tomaat en dan denk je: dat is voor mij wel genoeg. En ik heb ook wel es een blikje maïs opengemaakt en zo bij het aanrecht uit het blik op staan lepelen... Eenzaamheid... mevrouw, vertel me niets, ik heb het doorgemaakt in alle graden. Van: Zal ik nou nog wat aan m'n verjaardag doen? tot: Zal ik m'n horloge nog wel opwinden want voor niemand hoef ik op tijd te komen... Kijk... en daar ga je dan zo door, je hebt geen benul van de maanden. O kijk, het is waarachtig weer winter geworden... en O kijk, aan de overkant wordt de boel weer opgeverfd, zal het misschien weer voorjaar wezen? Ja hoor, ik heb het allemaal doorgemaakt, maar ik heb ook ondervonden dat het niet zo hoeft. En daarom haal ik nou m'n schouders op als iemand zegt: Ik ben zo eenzaam. Want kijk, als je blijft zitten waar je zit, dan ben je eenzaam ja.

Op een dag zei ik tegen mezelf: Waar gaan we nou naar toe? Dit is een soort weduweverbranding. Ben ik nou gek of hoe zit dat nou met mij... Ik zit hier maar te kniezen en ik zie geen mens en ik ken geen mens. En toen heb ik een papiertje gepakt en ik zei: En nou ga ik es opschrijven alle mensen van toen ik zo'n klein meissie was af... alle mensen die ik m'n leventje ontmoet heb. En ik ben begonnen bij de Lagere School. Daar zat ik naast ene Mientje en daar heb ik altijd ontzettend mee moeten lachen. Met handwerken vooral. En ik schreef d'r op en toen kwam ik vanzelf op andere namen. Meisjes van de huishoudschool en van toen ik ging werken in een winkel en daarna weer in een winkel. Al die namen schreef ik op. Geertje en Liesje en Anja en Marie... enfin, ik schreef ze allemaal op. En ook m'n eerste buren en later toen we hier naar toe verhuisden, de mensen uit mijn straat en al mijn familie natuurlijk en die we tegen waren gekomen op vakantie en op het laatst had ik een lijst, daar werd ik helemaal duizelig van. Ik dacht: Ken ik nou al die mensen? Wat zit ik dan te sjaggerijne dat ik zo eenzaam ben? Enfin, ik ben begonnen om hun adressen op te vragen en dat op zich was al een heel karwei. Maar je komt er achter hoor, als je d'r ene hebt, weet die wel weer waar de ander woont. En zo kreeg ik het zo druk als een klein baasje. Die opbellen en die opbellen en allemaal leuke reacties en gut weet je nog van toen en afspraken maken van ja ik kom es bij je langs... Enfin, toen ik jarig was wist ik voor het eerst van m'n leven wat ik nou eigenlijk moest vragen. Ik zeg tegen die jongens van mij: Geef mij maar een hele dikke agenda en een abonnement 65 plus op de trein... nou en toen ben ik met mijn tocht begonnen... De ene woont in Groningen en de ander zit hier vlak om de hoek en met weer een ander ben ik in correspondentie getreden. En onderlaatst heb ik toen een groot vel papier gepakt en daar heb ik al die namen van al die mensen met keurige letters op geschreven en de telefoonnummers er achter en dat vel hangt nou naast de kamerdeur. En iedere keer als ik van de kamer naar de keuken ga, kijk ik er naar en dan zeg ik: Wat ken ik toch een boel mensen... En als ik voel dat ik me eenzaam ga voelen, dan kijk ik op m'n vel en dan zeg ik: Wie is er aan de beurt... hierzo... Mientje... ik zal d'r es effe bellen... En dan bel ik en dan zeg ik: Mientjemeid, komt het gelegen dat ik naar je toe stap voor een babbeltje, of misschien kan ik je ergens mee helpen meid? En als ze ja zegt, dan maak ik daar gelijk een gezellig dagje van. Nee hoor... niks nie eenzaam ben ik meer, want ik ga het te lijf. Ja, als ik op een stoel ga zitten sjaggerijne, van wat ben ik alleen en niemand komt nou nooit nie naar me toe... ja, dank je de koekoek dat ik dan eenzaam ben. Maar met m'n vel papier aan de muur en die hele schat van mensen... nee hoor... dat valt best mee... ik ga d'r naar toe, ik stap d'r op af... Nee hoor, niks nie eenzaam ben ik meer...'

Zomaar een treintje

In Utrecht stap ik over op de trein naar Oosterbeek. Een gezellig stoptreintje met een stuk of wat mensen aan boord. Een meneer die met moeite zijn jas uit krijgt en dan een sigaar opsteekt. Zijn overbuurman die de krant begint te lezen, een mevrouw met gesloten knietjes en een tasje op schoot en dan nog ik ergens voor een raampje. We moeten even wachten en er sukkelt nog een mevrouw naar binnen. In de ene hand draagt ze een grote, gebloemde hoedendoos waarvan het deksel af en toe iets opwipt. Er zit vast een nieuwsgierig konijn in. In de andere hand heeft ze een tasje, een netje met mandarijnen, een boodschappentas, een shawltje en een paraplu. Ze zoekt zorgvuldig een bank uit en zet het konijn daarop neer, de paraplu hangt ze op, het netje laat ze vallen. Ze gaat zitten met de tassen op schoot en probeert dan over de tassen heen het netje van de grond te vissen. Als dat niet lukt, pakt ze haar paraplu en trekt met het handvat het netje naar zich toe. Nog eens bukken en dan lukt het. Met een rood hoofd komt ze overeind en zegt: 'Dit is toch wél de trein naar Oosterbeek, hè…?'

Doch niemand voelt zich aangesproken, dus krijgt ze geen antwoord.

Direct paniek. Mevrouw pakt haar tassen beet, gaat staan, het netje mandarijnen valt, mevrouw kijkt om zich heen en herhaalt in het wilde weg: 'Dit is toch wél de trein naar Oosterbeek, hè?'

Omdat ze weer geen antwoord krijgt, roep ik plompverloren: 'Ja…'

Maar dat komt van een zo verre, onverwachte hoek dat

mevrouw mij achterdochtig begint te bekijken. Ten slotte vist ze haar netje weer op en gaat ze zitten. Tasjes op schoot. Handen op de tasjes. De trein vertrekt en het netje rolt op de grond. 'Hè…' zucht mevrouw hartgrondig en ze kijkt om zich heen of er soms iemand zo vriendelijk is om… En inderdaad, de meneer met de sigaar is zo vriendelijk om… Zwijgend bezorgt hij het netje terug.

'Oh… dank u,' zegt mevrouw en dan, na even snuffelen in de lucht: ''t is hier *niet roken* hoor…'

De meneer mummelt wat, maar sabbelt gewoon door. Mevrouw buigt zich iets voorover en wijst naar het bordje *niet roken*. 'Daar staat het,' zegt ze, 'kijkt u maar…' Bèng… netje met mandarijnen op de grond. Wie is er nu aan de beurt om het op te rapen… We kijken elkaar om beurten zwijgend aan, het begint gênant te worden. Voor deze éne keer wil mevrouw het dan wel zelf doen. Ze bukt en perst haar tassen tussen haar buik en bovenbenen. Wat een geluk dat het gebloemde konijn niet op schoot zit. Mevrouw kan een puntje van het net grijpen en trekt het over de vloer naar zich toe. Maar het kan niet missen, het blijft ergens aan haken en scheurt kapot. Mandarijntjes onder de bank. We kijken elkaar weer aan. Meneer Sigaar haalt rustig een plastic zakje uit zijn jaszak en overhandigt dat woordeloos aan zijn overbuurman. Deze vouwt – eveneens woordeloos – zijn krant op en gaat de mandarijnen oprapen. Alstublieft mevrouw.

'Oh… dank u,' zegt mevrouw en ze legt de mandarijntjes op haar schoot. Dan ineens ziet ze in het bagagerek een tijdschrift liggen. Ze staat zonder meer op om het te pakken en beng-beng-beng… daar gaan de mandarijntjes weer. Verbaasd kijkt mevrouw waar ze naar toe rollen. Naar meneer Sigaar. Maar meneer Sigaar vertrekt geen spier. Met een vage blik staart hij naar een kubistisch werkje van Openbaar Kunstbezit. Dat heeft de NS in de coupé gehangen. Voor het geval er iemand steeds mandarijnen laat vallen. Dan kan je net doen of je die kubusjes bekijkt. Meneer Sigaar komt dus niet in beweging. Zijn overbuurman ook niet. De mevrouw met de dichtgeknepen knietjes ook niet. En daarom sta ik maar op. 'Alstublieft, mevrouw...'

De trein stopt. 'Oh...' zegt mevrouw en ze pakt haar hebben en houwen, 'is dít Oosterbeek?'

'Bunnik...' zegt Sigaar en mevrouw valt terug op de bank, de mandarijnen weet ze nog nét te grijpen.

We tuffen weer verder. Volgende halte. Mevrouw staat op. Tasjes, gebloemd konijn, paraplu, mandarijntjes... 'Dit is toch...??'

'Nee mevrouw, dit is Driebergen,' roepen we allemaal.

'O...' zegt mevrouw en ze gaat weer zitten. De mandarijnen kunnen we met z'n allen nog net pakken... Pffff...

'Hoeveel haltes is het dan nog tot Oosterbeek?' vraagt mevrouw.

'Maarn, Veenendaal, Ede-Wageningen, Wolfheze, Oosterbeek...' dreunt Sigaar.

'Oh...' zegt mevrouw. Maar ze staat op bij Maarn, Veenendaal, Ede-Wageningen en Wolfheze. De mandarijnen kunnen we iedere keer met vereende krachten redden. Eindelijk dan... Oosterbeek. Maar mevrouw *blijft zitten*. Ze haalt zelfs haar bril te voorschijn en een brief die ze op haar gemak wil gaan lezen. De vlammen slaan ons uit en meneer Sigaar knalt overeind. 'Gá je nou nog...' zegt hij, 'dit is Oosterbeek...'

Mevrouw kijkt verbijsterd over haar bril, neemt tasjes,

paraplu, shawltje, mandarijntjes, gebloemd konijn én de benen. Met kloppend hart ga ik achter haar aan en ze kan niet nalaten me op het perron te vragen: 'Dit is toch wèl Oosterbeek, hè?'

Ik haal mijn schouders op en trek een bedenkelijk gezicht. Ja, daar vraagt ze toch om…

Ogenblikkelijk rent ze in paniek naar een uniform. 'Meneer, meneer… dit is toch wél Oosterbeek, hè?'

Als ik me even later omdraai, zie ik hoe het uniform de mandarijntjes van het perron raapt.

Niet helemaal goed

In de tram weet ik een plaatsje te bemachtigen naast een mevrouw die me direct op de arm tikt.

'Die meneer is niet helemaal goed,' zegt ze met een hoofdbeweging naar achter, 'die meneer praat al de hele tijd hardop in zichzelf. Niemand luistert naar hem en hij praat maar door. Zielig hè, hij zit wel meer in de tram, hij is niet gevaarlijk, daarom mag hij loslopen, maar hij is niet helemaal goed.'

Achter mij hoor ik inderdaad een monotoon geluid dat wonderlijk weldadig aandoet. Iemand – kennelijk zonder zorgen – laat uit zijn diepste diepten zachte tevredenheid opborrelen.

'Ik stap altijd in bij de markt,' zegt de mevrouw, 'want ik ga vrijdags altijd naar de markt en dan zit hij er al. En hij gaat altijd dáár zitten en hij tatert wat af de hele weg. Ik moet er dus uit bij het eindpunt en hij gaat dan twee haltes eerder dan ik en de conducteurs die kennen hem al en die waarschuwen hem dan dat hij er uit moet. Opa... zeggen ze dan... Opa, d'r uit... En soms dan staat hij niet op en dan moeten ze hem helpen. Ach arme... soms denk ik: als je toch zó oud moet worden hè... Ja ik ben ook al dik over de zestig en als ik hem zo zie, dan denk ik: als ik strakjes tegen dat ik zo oud ben als die meneer m'n mond maar kan houden. Want stel je voor dat ik dan tegen Jan en Alleman ga lopen vertellen wat ik allemaal zo heb meegemaakt in mijn leven. En dan gewoon zonder hersens mijn mond voorbij praten, ik moet er toch niet aan denken, dat is toch net of je jezelf aan het verraden bent. Kijk, ik ben driemaal getrouwd geweest... de eerste man een alcoholist en een stuk ouder dan ik. Wat ik tóen allemaal niet heb moeten doorstaan… enfin, gelukkig heeft het z'n tijd niet uitgeduurd want op een dag hebben ze hem dood gevonden in een portiek en nou spreek ik van lang voor de oorlog hoor. Nou ja en toen mijn tweede man, die werd waarachtig NSB'er. Eerst met die krantjes lopen weetuwel, van Volk en Vaderland, nou, had u mijn familie moeten zien, dat waren rechtdoorzeeë Scheveningers, die gooiden hem meteen de deur uit en ik kon er vanzelf ook niet meer komen. En daar sta je dan met twee van die kindertjes en de derde op komst en hij uiteindelijk naar het Oostfront gegaan en niet meer teruggekomen. Ja, wou die ook nog dat ik ging collecteren voor de Winterhulp, maar dat heb ik mooi niet gedaan. En toen die naoorlogse tijd, zat ik op mijn bovenhuisje en niemand wou me kennen. Pas veel later dat mijn familie me weer binnen liet en dat kwam door mijn vader die niet dood wou gaan met broelje in de familie en dus mij liet komen aan zijn bed om het bij te leggen en vlak voor hij zijn laatste adem uitblies zijn vuist ophief naar mijn broers die in het verzet hadden gezeten en koppig bleven doen tegen mij, maar nu door die vuist bang wieren en zich met mij verzoenden zodat we uiteindelijk met z'n allen in één volgauto achter de lijkwagen van mijn vader aan zijn gegaan.

Nou ja en door mijn broers ben ik toen eigenlijk weer aan de slag gegaan. Geen loodje vet had ik op mijn lijf in die tijd want overdag met de kinderen en 's avonds stond ik dan in het café van een kennis van mijn broers wat te helpen en wat te verdienen en dan moest ik midden in de nacht nog naar huis en ook in de winter. Uiteindelijk in dat café mijn derde man ontmoet. Een weduwnaar met een rijwielstalling en kinderen die de deur uit waren. U moet het zó zien, het was een buurtcafé en mannen die thuis niks te zoeken hebben, die brengen daar de avond om. En zo ging dat dan hè. Hij es mee met mij en ik es mee met hem en op het laatst zeg je dan: we kunnen beter de koppen bij elkaar steken. Dus vanaf toen, dat was in de tijd van de eerste Songfestivals, zodat we zeiden: laten wij nou ook gaan sparen voor een televisie... nou vanaf toen zijn we dus bij elkaar getrokken. En door middel van mijn broers hebben we toen enkele jaren later zo'n Duits tele-visietoestel kunnen kopen met een flinke korting omdat het via-via was. Maar ja met die rijwielstalling ging het steeds minder worden want de fiets is nu wel in, maar in die tijd was er niet meer van te leven. Ja, bromfietsen... maar mijn derde man die had een echte stalling weetuwel, van helemaal op de fiets gericht met als er een band lek is eventjes plakken. Dus op het laatst was er niets meer te redden en heeft hij de hele boel aan de kant gedaan en zijn we maar vertrokken. En dat is de doodklap voor mijn der-de man geweest want hij kon het niet verkroppen en het was al een caféloper zoals u weet, dus zat hij hele dagen met een glas in zijn hand tegen zichzelf aan te kletsen. En daar zat ik dus weer met een alcoholist en de angst sloeg me om het hart, want uiteindelijk ben ik zo mijn carrière begonnen. En op een dag heeft hij zich een beroerte ge-dronken en werd hij weggebracht en na een paar maanden nog een beroerte en eindelijk was hij dan dood... ja, ja, ja...' zucht de mevrouw, 'jajajajaja...'

Een moment tuurt ze voor zich uit, maar dan draait ze zich half om naar de meneer die niet helemaal goed is.

'Volgende halte d'r uit Opa...' zegt ze, 'ga maar alvast op het hoekie zitten.'

En tegen mij zegt ze: 'Ach gut, de ziel... de hele weg heeft die lopen kletsen...'

Nou eenmaal...

Ik zit in de trein naar Utrecht. Tegenover mij een man, die eerst zijn jas in een hoekje ophangt en dan een lekker steuntje voor zijn hoofd zoekt om vrijwel meteen daarna in slaap te vallen. 's Morgens 11 uur 33... hoe bestaat het... Als de zon even later zijn gezicht kietelt, kruipt hij achter zijn jas en slaapt hij rustig verder. Hij merkt niet eens dat wij in Voorburg ieder een buurvrouw krijgen. En dat is toch jammer, want ze zijn de moeite waard. Een oudere dame met alles op-en-aan en een jong, wat slofferig meisje. Genoeglijk babbelend zijn ze binnengekomen.

'Louis...' zegt het meisje, 'Louis mág d'r nou eenmaal niet...'

'Ja...' zegt mevrouw, haar boezem schikkend, 'dat heb je vaak zo, maar toch is het niet goed... Dat "nou eenmaal"... dát is niet goed... Je mag best eens de pest aan iemand hebben, maar dan moet je toch proberen om dat te veranderen...'

Meisje: 'O, maar mijn moeder is een zanik, hoor... niks is goed, wát je ook doet... ik kan me best voorstellen dat Louis d'r niet mag...'

Mevrouw: 'Goed, goed... maar hij moet niet zeggen: ik mag d'r NOU EENMAAL niet, want dan zal hij ook nooit moeite doen om d'r wél te mogen... Hierzo... mijn schoonzoon...'

Meisje: 'Wie is dat, hoe heet-ie?'

Mevrouw: 'Nou, dat is Willy... ook geen gemakkelijk heerschap... mocht ik ook niet in het begin... en hij mij ook niet hoor, hij kon me wel killen... maar ach ja, je doet een beetje moeite... en op het laatst zie je toch dingen in elkaar waarbij je zegt: Hé... had ik niet gedacht... Was niet gebeurd als je zei: jou mag ik NOU EENMAAL niet ventje...

Meisje: 'Maar mijn moeder is een eigenaardig mens hoor, je moet doen wat zij wil, anders is het niet goed... ze behandelt je als een klein kind... Nou... en daar heeft Louis geen zin in...'

Mevrouw: 'Ach... een beetje toegeven aan beide kanten... komt het best nog wel goed...'

Het meisje kijkt een beetje ongelukkig, geeft geen antwoord en polst mij of ik me er misschien mee wil bemoeien. Maar ik kijk wel uit.

'Och ja...' zegt mevrouw, 'neem nou die Joop van mij... beste man hoor, daar niet van, altijd eind van de week zó zijn geld op tafel... maar ja... óók z'n eigenaardigheden... houdt niet van visite, wil nooit ergens naar toe... nou ja... en wat doe je dan... kan je wel altijd alleen gaan, maar dan zegt ook iedereen: daar-hè-je-haar-weer-alleen... Nou ja, dan pik ik zo nu en dan maar es het treintje overdag, dan heeft hij er geen last van... ga ik naar mijn zuster met een retourtje...'

Even is het stil. Dan duikt mevrouw omlaag, frutselt een pakje stroopwafels uit haar tas en geeft een kleverig geval aan het meisje. Daarna gaat ze iets wijdbeens zitten en trekt haar rok op zodat de kruimels tussen haar knieën op de grond vallen. Het meisje eet zwijgend. Als de koek op is, houdt ze resoluut twee stroopvingers in een V omhoog zodat ik op de zotte gedachte kom dat Churchill ook altijd stroopwafels gegeten moet hebben. In deze houding wacht ze tot haar een papieren zakdoek wordt toegeworpen. Zo... ze is weer schoon.

'Maar wat ik zeggen wou...' zegt mevrouw op de toon

van iemand die niets te zeggen heeft, 'wat ik zeggen wou... hoe heet 't... kóm... wanneer gaan jullie trouwen...?'

'Als we kamers hebben, natuurlijk,' zegt het meisje, 'want ik ga niet bij m'n moeder in, dat wil Louis helemáál niet...'

'Zoek je kamers?'

'Gut, al zo lang...'

'Nou, als ik eens wat hoor...' zegt mevrouw, 'zeker twee kamers en een keuken?'

'Ja, maar wél grote,' doet het meisje ineens hebberig, 'én een eigen douche als het kan...'

Mevrouw trekt even met haar lip. 'Wat kan je dan betalen... hoeveel verdient die eigenlijk, Louis...?'

'Dat ligt er aan,' snuift het kind, 'maar 400-450 kunnen we wel betalen...'

'O... nou...' zegt mevrouw, 'ik zal wel eens kijken...'

De trein rijdt Gouda binnen, het meisje staat op en doet haar jas aan.

'Zo,' zegt ze, 'ik ben er weer... moet u nog ver?'

'Utrecht,' zegt mevrouw, 'ja, zelf woon ik in Voorburg, maar mijn zuster in Utrecht...'

Het meisje kijkt ongeïnteresseerd in het rond, pakt wuft haar tasje en knikt haar overbuurvrouw uit de hoogte toe.

'Dag mevrouw...' zegt ze.

'Dag juffrouw...' zegt mevrouw.

En als volkomen vreemden gaan ze uit elkaar.

Voor de tweede maal die morgen verbaas ik me. Hoe is het mogelijk, denk ik, als ik het meisje nakijk, ik was er toch zeker van dat je een tantezeggertje was... maar jullie kénnen elkaar niet eens. En dan toch maar je hele hebben en houwen uitwisselen.

Ik blijf zitten met mevrouw, de slapende man (11 uur 55) en de vraag: Als mevrouw nou twee kamers met een keuken en een douche vindt, wat doet ze daar dan mee???

Och ja... denk ik... dan geeft ze die wel aan een andere reisgenoot... de volgende keer als ze naar haar zuster gaat.

Ien en Joyce

DIENST, MINISTERIE VAN JUSTITIE ... staat er op de linkerbovenhoek van een bruine vensterenveloppe. Nou, voor zover ik weet heb ik daar geen fan zitten, dus laat ik hem nog maar even dicht. 's Middags neemt mijn dochter de enveloppe in handen. Ze wordt op slag ernstig en leest hardop 'Dienst, Ministerie van Justitie. Centraal Ontvangkantoor der Gerechten. Postbus 488 – 7600 AL Almelo'. Niettemin voegt ze er losjes aan toe 'Een bekeuring dame... dat komt ervan, moet je maar niet zo scheuren...'

Na een half uur komt ze nog eens informeren hoe hoog mijn bekeuring is en waarom er geen appels zijn. Maar er zijn wel appels en ik weet niet hoe hoog mijn bekeuring is want de enveloppe is nog steeds dicht. 'Waarom maak je hem dan niet open?' vraagt ze.

Ik zucht. 'Omdat ik zo'n hekel heb aan alles wat uit computers rolt,' zeg ik, 'ik wil best een bekeuring betalen als ze er een krabbeltje bij deden met "Hé, bedankt zeg, van dat geld van jou gaan we een bak viooltjes neerzetten in de binnenstad", offe... "Van jouw centjes kunnen we de hele club hier op een ijsje trakteren..." Maar zo'n levenloze acceptgirokaart ontneemt me alle lol om te betalen.'

En bovendien – maar dat zeg ik er niet bij, dat dénk ik – ik kan me helemaal geen voorstelling maken van dat Centraal Ontvangkantoor der Gerechten. Misschien is dat wel een instelling die in de droom is geroepen om mij om de tuin te leiden, net zo goed als men jarenlang ongestraft zou kunnen collecteren voor het Adoptiefonds ten behoeve van de kindertjes in Atapoepa. En misschien is het wel een grote circustent die ze over een rij computers hebben getrokken omdat het altijd regent in ons land. Of misschien is het wel zo'n modern gebouw waar ze 's nachts alle lampen laten branden, alsof er geen energiecrisis is. Misschien... maar wat dat Centraal Ontvangkantoor der Gerechten ook is, ik heb er geen boodschap aan, want ik ken er niemand. Dat wil zeggen, ik kénde er niemand, maar sinds ik de enveloppe heb geopend, weet ik dat er daar in ieder geval twee mensenkinderen zitten – luisterend naar de namen Ien en Joyce – die ik bij deze mijn hartelijke groeten doe.

Want wat gebeurt... ik open onder de nieuwsgierige blikken van mijn dochter dan toch maar de enveloppe en er rolt behalve de acceptgirokaart en de blauwe kaart met A.B.C.D.-mogelijkheden ook nog een opgevouwen blocnotevelletje uit. Het is beschreven door Joyce en bestemd voor Ien, maar door een wonderbaarlijke manoeuvre is het velletje in mijn bruine vensterenveloppe terechtgekomen. En nu weet ik niet alleen dat het bedrag van de geldboete door mij uiterlijk op de daarop vermelde datum moet worden voldaan – 'Indien u dat bedrag niet tijdig geheel betaalt, zal het na de uiterlijke betaaldatum nog verschuldigde bedrag met f 25 worden verhoogd.' – maar ik weet ook dat ik mijn geld met een gerust hart aan Ien en Joyce kan overmaken. Want Ien en Joyce hebben daar vast wel een bestemming voor. Want Ien is een lieverd en Joyce is ook maar een mens, dat blijkt wel uit die paar blocnoteregeltjes die ik hier even zal laten volgen.

Lieve Ien,
Het is nu drie uur en ik val om van de slaap. Gister lag ik pas om

twee uur in bed, want ik moest nog veel regelen. Ik stuur je dit met
de huispost. Hartstikke lief van je, dat je op mijn kleine meid wilt
passen. De bezoekuren zijn 's avonds van halfzeven tot halfacht.
Het hoeft echt niet elke avond, mijn buren willen ook wel eens
oppassen. Erg lief dat je het zo spontaan aanbood, ik voel me toch
al zo opgefokt door al die narigheid en dan is het fijn als er iemand
voor je inspringt.

Liefs van Joyce

Door dit ene blocnotevelletje heeft het Centraal Ontvangkantoor der Gerechten te Almelo voor mij een gezicht gekregen. Het gezicht van Ien en Joyce. Joyce die in
de zorgen zit en Ien die even komt inspringen.

Eigenlijk moesten er meer van zulke velletjes circule-
ren. Een krantenbericht, waar de wereld nauwelijks warm
van wordt, zou met zo'n velletje er bij heel anders overkomen. Wat denkt u van 'Onder de bootvluchtelingen
bevonden zich Ien en Joyce. Onze correspondent kon het
volgende blocnotevelletje onderscheppen... Lieve Joyce,
Dit briefje geef ik aan iemand die nog kan lopen. Ik lig
helemaal voorin en ik kan niet meer opstaan. Mijn kleine
meid komt om van de dorst. Als je misschien nog iets te
drinken hebt, geef het dan. Liefs van Ien.'

En wat denkt u van: 'Lieve Ien, Dit briefje geef ik mee
aan de broeder. Als je morgen naar de fysiotherapie gaat,
kan je dan ook langs mij komen? Ik heb al een week geen
bezoek gehad en ik kan zo moeilijk wennen in deze ver-
pleeginrichting. Ik was zo blij toen ik hoorde dat jij er ook
zat. Kom alsjeblieft, jij kan je beter verplaatsen dan ik. Liefs
van Joyce.'

Ien en Joyce moeten gewoon wat meer blocnotevel-
letjes laten slingeren.

Ien en Joyce bij de Koerden, Ien en Joyce bij de Noord-Ieren, Ien en Joyce bij de Palestijnen, Ien en Joyce bij de Bosniërs, Ien en Joyce bij de negers in Zuid-Afrika... en we zouden ons veel meer betrokken voelen bij de Koerden, de Noord-Ieren, de Palestijnen, de Bosniërs en de negers in Zuid-Afrika.

Kippen

'Die man is nou eenmaal zo...' zegt de mevrouw, die schuin voor me op een terrasje zit. 'Hij zit altijd met z'n hersens ergens anders... in de krant of in z'n auto of op z'n werk... Ik neem het hem niet kwalijk, maar je krijgt er wel vreemde situaties door.'

'Wat voor situaties?' vraagt de oude dame naast haar, die zichtbaar voor haar moeder doorgaat.

'Nou... zoals met die kippen hè... die Ben dus aan mij gaf, maar die dus voor Mea bestemd waren.'

'Hoe zat dat dan met die kippen?'

'Nou, Ben moest toch een paar dagen naar het oosten van het land en daar hebben wij vrienden wonen, dus zeg ik tegen hem: Als je d'r tóch bent, ga Her en Mea dan opzoeken. Enfin, de eerste avond belt hij me op en zegt: Ik zit hier bij Her en Mea, je krijgt de groeten enzovoorts enzovoorts... en ik zeg tegen hem: Denk er nou aan, als ze je te eten vraagt, dat je dan een bloemetje voor d'r mee-brengt. Enfin, de volgende avond belt hij weer op en hij zegt: Ik zit hier bij Her en Mea... En ik zeg: Alwéér? En hij heel verbaasd: Hoezo alweer... dat weet je toch, ze hebben me te eten gevraagd. Enfin, even heen en weer gepraat en ineens zeg ik: Heb je nu aan dat bloemetje voor Mea gedacht... Maar nee hoor, daar heeft die natuurlijk niet aan gedacht. Dus zeg ik: Het wordt nu toch werkelijk tijd dat je iets attenter gaat worden. Mea staat zich nu al twee avonden af te sloven in de keuken en Her en jij zul-len haar heus nergens bij helpen want zo ken ik jullie wel. Enfin, Ben roept ja-ja-ja en ik-zal-morgen-echt... enfin, je weet hoe die is, je geeft er geen cent voor. Om kort te gaan, de derde avond belt hij me op vanuit zijn hotel. Ik zeg verbaasd: Zit je niet bij Her en Mea? En hij van zijn kant ook verbaasd: Hoezo? Ik heb mijn handen vol aan mijn werk en vanavond nog een bespreking ook, je denkt toch zeker niet dat ik hier voor m'n lol zit? Enfin, ik sus het een beetje en ik vraag: Je hebt toch wel aan die bloemen voor Mea gedacht.

Nou, zegt hij, dat zit zo… dat was die niet vergeten, maar hij had gewoon geen tijd gehad, maar mórgen… ja-ja-ja…

En toen zegt die ineens: O ja, ik was vanmiddag bij een exportslagerij en daar geven ze me twee kippen cadeau… diepvrieskippen, wat móest ik daar mee… Ik zeg: Sufferd, heb je ze niet aangenomen? Je had ze toch aan Mea kunnen geven… Hij zegt: Aan Mea? Zou ze die hebben willen dan?

Zo is die man hè… denkt nergens aan. Ik zeg: Ja natuurlijk wil ze die hebben, nou ja, laat het maar, vergeet morgen haar bloemen niet.

Nou belt hij me de volgende dag op terwijl hij ergens op zijn lunch staat te wachten en hij zegt: Ik heb twee diepvrieskippen gekocht.

Ik zeg: Gekócht? Ben je niet wijs… voor wíe gekocht?

Hij zegt: Voor Mea… dat zei je toch gister… had die kippen aan Mea gegeven.

Ik zeg: Ja, als je ze kríjgt… maar je gaat toch geen kippen kópen om aan Mea te geven… waar heb je die kippen?

Hij zegt: In de auto, ze zitten in een krant.

Ik zeg: En die wou jij dus aan Mea geven… Ik zie d'r gezicht al… Ze is verplicht ze vliegensvlug klaar te maken en jou uit te nodigen om ze op te eten, en ze moet allerlei uitgaven doen, wijn, compote en weet ik het wat en al die rompslomp alleen maar omdat jij haar twee kippen cadeau doet... Geef dat mens nou toch gewoon een bos bloemen...

Enfin, hij begrijpt er nou helemaal niks meer van en hij zegt: Oké, oké, je ziet me vrijdag wel...

Enfin, ik roep nog: Maak het vrijdag nou niet te laat, dan kunnen wij het ook nog even gezellig hebben en rij nou kalm aan want de krant staat toch al vol met ongelukken en hij zegt: Ja-ja, goed, voor elf uur ben ik thuis.

Enfin, als hij zegt elf uur, dan is het ook elf uur, want je kan veel van hem zeggen maar hij is wel altijd op tijd. Dus liep het tegen elven... ik had koffie gezet, gezellig gemaakt zodat we nog even gezellig kunnen zitten... wat lekkers er bij, klein bloemetje... ik denk: Niet te grote bos, bloemen zijn toch al zo duur en als Ben straks thuiskomt, heeft die toch bloemen bij zich, want dat doet die altijd als hij een week weggeweest is.

Enfin, hij stapt naar binnen, klokke elf... gooit z'n tas neer... groetjes van Her en Mea, ze hebben het zus en ze hebben het zo... Ha... zegt die... ik zie dat je koffie hebt, geef mij maar een bakkie want daar heb ik trek in.

Ik sta hem stomverbaasd aan te kijken. Ik zeg: Mijn blóemen... zeg ik.

Je wát? vraagt hij en hij begint alvast zijn pyjama uit z'n tas te trekken.

Mijn blóemen... zeg ik.

Ja, eigenlijk had ik zin om te zeggen, dat als z'n moeder het hem niet had bijgebracht, dat hij zo langzamerhand zelf wel had kunnen begrijpen dat hij voor mij bloemen moest meebrengen.

Maar nou ja, goed, dat heb ik maar ingeslikt. Bloemen... zeg ik dus.

Oh… bloemen… herhaalt die. En dan… terwijl hij begint te gapen: Ooooaáh… Mea heeft ze.

Méa… roep ik… heb je míjn bloemen aan Mea gegeven? En ík dan?… Ik zit hier vier dagen in m'n eentje, moet alles alleen doen, 's avonds sta ik overal alleen voor, ik heb geen hulp van niemand niet, ik sloof de hele dag door het huis, loop me lam naar de bel en nou heeft Mea míjn bloemen, hoe zit dat.

Hij zegt: Ach mens, maak je niet zo druk. Ik was vergeten voor Mea bloemen te kopen, ik had ze alleen voor jou en de winkels waren al dicht en toen dacht ik, laat ik die van jou dan maar aan Mea geven.

Nou ja, toen werd ik zo kwaad en ik zeg: En ik dan, ben ik dan niet belangrijk genoeg… nou zég dan…en ik dan…

Ach mens… zegt die… voor jou heb ik ook wat… in de auto… in een krant… kippen… twee kippen…'

Nancy

Wij hebben Nancy bij ons in de straat. Een kleine prul van net drie jaar. Blond, een beetje bleek en direct kringetjes onder haar ogen als ze niet genoeg slaapt.

Ik zie haar nooit spelen met leeftijdsgenootjes, ze scharrelt, ze snuffelt en ze mummelt in zichzelf en soms, als ik op straat loop, klampt ze me aan.

'Ga je heen?' vraagt ze.

'Boodschappen doen.'

'Zal ik meegaan?'

'Dat is goed.'

'Koop je lekkers?'

'Ik koop van alles en ook lekkers...'

Ze stopt haar handje in de mijne en sjokt woordenloos mee. In de winkels houdt ze precies bij wat ik koop.

'Heb je ook chocola?' vraagt ze, 'en spikkelaasjes?'

'Nee, geen speculaasjes...'

'Waarom niet?'

'Dat vinden we niet zo lekker.'

'Maar Nancy wel...'

Dus koop ik speculaasjes en rustig knabbelend gaat ze met me mee.

Ze kan ook ineens voor het raam staan. Dan gluurt ze naar binnen en tikt met een heel klein vingertje héél zacht op het glas. Zo zacht, dat ik het de eerste minuut niet in de gaten heb en het als achtergrondgeluid aanvaard. Maar dan besef ik: 'O... Nancy...' en ik doe het raam open.

Ze heeft altijd wel wat. De knoop van haar jas is ze kwijt

en die kan ze niet vinden, ze laat me de wikkel van een kauwgummetje lezen, of ze komt met haar step en zegt: 'Pomp jij mijn band even op...'

Ze heeft wel meer karweitjes voor me, zoals: 'Haal jij even de knoop uit mijn touw...' en 'Geef es even een krijtje...' Maar ik trap natuurlijk niet overal in.

Haar moeder zit twee-hoog 'memme-broertje' en Nancy kan natuurlijk niet voor elk wissewasje al die trappen op. 'Zoals jij-beneden is veel leuker...' zegt ze. En ze denkt misschien: 'En ik zie je tóch de hele dag zitten, dus kan je best wat voor me doen...'

Nancy komt me natuurlijk niet altijd even gelegen. Ik ben wel eens bezig met iets waar ik echt geen geluid bij kan hebben en als dán haar vingertje begint, spring ik radeloos op. 'Ja, wat ís er...' Dan komt ze met een eindeloos verhaal over een vlaggetje aan haar step, dat ze heeft gekregen van haar vader, omdat die iets in zijn haar smeert waar je een vlaggetje bij krijgt...

De trommel met speculaas staat voor het gemak op de vensterbank. Ik graai vlug, zeg dat ik vandaag geen tijd heb en sluit het raam. Daarna zet ik me weer aan mijn eigen probleem. Nancy blijft nieuwsgierig naar binnen gluren, sabbelend op haar speculaasje. Iedere keer als ik opkijk, staat ze er nog en lacht ze me allerschattigst toe.

Ze vraagt me ook wel eens of ze bij me mag eten en dan zeg ik: 'Alleen als je moeder het goed vindt.' Ze rent ogenblikkelijk weg, maar komt niet meer terug, dus weet ik genoeg.

Soms is ze ziek, tenminste, dat neem ik aan, want dan zie ik haar een paar dagen niet op straat. Als het erg lang gaat duren, stuur ik één van de kinderen om es te informeren en dan blijkt ze het altijd 'aan d'r oortjes' te hebben.

Als ze na die oortjes weer voor mijn raam verschijnt, spring ik ogenblikkelijk op... ik heb haar toch gemist... dag kleine Nans... hoe gaat 't met de oortjes...

Het blijkt al spoedig dat ze een hele reeks akkefietjes voor me heeft opgespaard...

Vanmorgen stond ze er weer. Tik-tik-tik... tik... Nog vóór ik het raam opende, zag ik dat er iets 'was'. Iets on-definieerbaar weemoedigs, alsof ze zojuist een brief van haar geëmigreerde dochter had gekregen met o-zoveel van vroeger erin.

'Wat is er, Nans?' zei ik.

Geen antwoord.

'Wil je een speculaasje?'

Ik opende de trommel maar ze haalde haar handjes niet uit haar zak. Ze kéék maar...

'Géén speculaasje...?'

Ze schudde nee.

Toen hief ze haar handje hoog op en maakte een paar ongerichte bewegingen... de héle wereld wees ze aan. En toch bedoelde ze alleen maar iets onaanwijsbaars. Iets wat ze voelde, maar waar ze geen raad mee wist. Nog een jaar of vijftig, dan weet ze de woorden wel: 'Ik ben zo alleen...'

'Kom je buiten spelen...' zei ze.

Ik trok mijn jas aan, want zoveel belangrijks heb ik nou ook weer niet te doen.

IV

Meneer Fris
en andere mannen

Meneer Fris

Ik heb het onuitsprekelijke genoegen beleefd om 320 uren te mogen doorbrengen in het gezelschap van meneer Fris. Nee, we zaten niet samen in een gekaapte trein, maar meneer Fris heeft ons huis geschilderd en dat komt dus bijna op hetzelfde neer.

Meneer Fris kwam 's morgens om halfacht, met een krantje onder zijn arm en een pakje brood dat hij op het aanrecht legde. Hij nam een kruk en ging midden in de keuken de krantenkoppen voorlezen. Tot acht uur en dan zei hij: 'Nog één kopje koffie en dan ga ik es beginnen…' Maar dat deed hij niet, want er waren altijd wel een paar misverstanden in de familie die hij eerst telefonisch moest ophelderen. Dat ging zo: 'Ja, met mij… zeg luister es, ik weet niet waar jij die föhn hebt neergelegd, maar je sliep nog toen ik vanochtend wegging en ik denk ik zal je maar niet wakker maken, maar ik kon hem niet vinden dus kon ik hem ook niet wegbrengen voor je…' Een stortvloed van woorden aan de andere kant van de lijn met daar tussen door pogingen van meneer Fris: 'Ik héb… ik héb ge… ik héb gekeken zeg ik toch…'

Als hij neerlegde, gaf hij mij een zeer precieze beschrijving van het unieke karaktertje van zijn vrouw: 'Een ochtendhumeur van heb-ik-jou-daar, je kan d'r maar beter laten slapen…' hetgeen hem echter niet belette om haar de volgende morgen weer telefonisch lastig te vallen met zijn stommiteiten.

Na dat gesprek had hij weer even tijd nodig om in balans te raken, zodat het al met al tegen negenen liep alvorens hij de kwast ter hand kon nemen.

Van negen tot halfelf kon ik even werken en ik voelde me een jonge moeder met een baby die zich na het badje wel eventjes koest zou houden.

Maar om halfelf gaat zo'n baby schreeuwen en moet meneer Fris zijn koffie hebben. En zijn sigaret en zijn tweede sigaret en zijn tweede kopje koffie.

Bij elkaar twintig minuten luisteren naar de heldendaden van meneer Fris, want als je hem moet geloven heeft hij tegen al z'n bazen gezegd: 'Moet je es goed luisteren, dat pik ik niet langer, dus jij d'r uit of ik d'r uit...' Tijdens al zijn verhalen moest ik hem recht in de ogen kijken, glimlachen, gut-gut, ach-ach, zo-zo, tssss en nou-nou roepen. Maar vooral recht in de ogen kijken. Toen ik één keer langs hem keek omdat de poes uit de melkpan begon te drinken, hield hij meteen op met zijn verhaal om mij tot de orde te roepen met: 'Ja, lúister je nou nog of hoe zit dat eigenlijk...'

Na de koffie vloog ik met drie treden tegelijk naar boven waar ik wanhopige pogingen deed om me te concentreren in de tijd die ik van meneer Fris kreeg. Meestal een korte tijd, want zo omstreeks twaalf uur stegen er door het trapgat trompetgeluiden omhoog. Dan ging meneer Fris oefenen. Trompet zonder trompet. Allemaal poe-stoten en poe-poe-poe-stoten. Of poepedepoepedepoe-stoten weet ik veel, geen enkele melodie, alleen maar poe-poepoe-stoten. Uit pure ellende kwam ik dan maar naar beneden om de lunch klaar te maken, wat helemaal niets inhield, want meneer Fris stond er op zijn brood uit het zakje te eten. De heldendaden kwamen weer aan bod. 'En toen zeg ik tegen die vent, ik zeg dat moet je es proberen, ik zeg ik smijt je zo met mijn pink van die steiger af... enfin, ik heb nooit meer last gehad van die kerel...'

112

De terreur van meneer Fris breidde zich echter nog verder uit.

Als de telefoon ging, was het altijd een wedstrijd wie hem het eerst te pakken had, meneer Fris in de kamer beneden of ik in mijn kamer boven. Meestal was hij net iets vlugger dan ik en hield hij ellenlange verhalen terwijl ik me dood stond te ergeren en moest wachten tot hij de telefoon naar boven had omgezet. De eerste vraag die me steevast werd gesteld was dan: 'Wie is die man in hemelsnaam?'

Als de telefoon ging wanneer ik beneden was, legde hij rustig zijn kwast neer, beluisterde het gesprek dat ik voerde en knikte beurtelings ja of nee als blijk van instemming of afkeuring. Soms gaf hij tussentijds commentaar: 'Nóóit doen zoiets...' of: 'Dat wordt weer laat vanavond...' en: 'Wat dénken ze wel, je kan niet alles...'

Een keer kwam ik thuis en vond ik meneer Fris hoofdschuddend aan de telefoon. 'Nou mevrouw,' zei hij, 'ik denk niet dat dat kan hoor, ze heeft het verschrikkelijk druk, ze barst van de afspraken en allemaal 's avonds, dus ik zou zeggen vergeet-het-maar...' Toen ik de hoorn overnam kon ik nog net een klik horen en meneer Fris wist op mijn vragen niet meer te vertellen dan 'dat het de een of andere idioot was die mij voor haar karretje wou spannen en dat dat de spuigaten uitliep zo langzamerhand...'

Op dat moment had ik meneer Fris de deur uit moeten zetten. Maar ik deed het niet omdat ik dan met een half afgeverfd huis zou blijven zitten en ik nog banger was voor de volgende meneer Fris. En daarom bleef meneer Fris en kreeg hij de kans om ook nog het volgende uit te halen:

De telefoon ging en ik nam op. De tandartsassistente die me vroeg of ik in plaats van dinsdag, donderdag om 10 uur wilde komen.

'Donderdag…' herhaalde ik, 'om tien uur? Ja, dat kan wel geloof ik…'

Meneer Fris had zijn kwast al neergelegd en kwam naar me toe.

'Néé,' zei hij, 'dan kán je niet, dan moet je naar Zoetermeer, een lezing houden weet je wel…'

'O ja,' zei ik een beetje verdwaasd door de telefoon, 'dat is waar, dan moet ik een lezing houden in Zoetermeer…'

'Ja, wéét je dat niet meer,' zei meneer Fris geïrriteerd, 'dat heb je toch afgesproken verleden week… ik hoor het je nóg zeggen: ja goed, dan kom ik donderdag tien uur in Zoetermeer… Nou já… als je het ook niet bijhoudt dan loopt de heleboel hier in het honderd, ik kan niet overal op letten, wat dénk je eigenlijk wel…'

Meneer Fris had nog maar één deur te schilderen en dat was de reden dat ik me koest heb gehouden…

Knappe koppen

De vertrekhal van Schiphol is zo goed als leeg. Slechts enkele vakantiegangers staan opgewonden bij elkaar om in te checken. Jonge mensen, zoals mijn dochter en haar vriend, die voor een maandje naar Griekenland zullen vertrekken en die dat onbegrijpelijkerwijs om 1 uur 's nachts doen. Het is hét moment om de betegelde hal schoon te maken en daartoe hebben drie mannen reeds de voorzieningen getroffen. Er staat een bak met water en een stok met een touwachtige kwast, er staat een machine met een grote draaiende schijf en er staat een soort afzuigkar. Een gebied van ca 200 vierkante meter is afgezet met kettingen en het lijdt geen twijfel: hier zal iets groots verricht worden.

Eén van de mannen – zo te zien een werkstudent met het uiterlijk van een archeoloog die hij misschien eens hoopt te worden – grijpt een fles chemicaliën en knijpt hem leeg in de bak. Daarna begint hij er hartstochtelijk met de kwaststok in te roeren. Er stijgen dampen op die hem doen hoesten en vragend rond doen kijken. Er komt direct hulp van de tweede man, de OPPERMAN, die een soort uniform draagt en dús verantwoordelijkheid. Uit de handelingen die dan verricht worden – vloeistof uit de bak overgieten in een andere bak, water bijgieten – begrijp ik dat de archeoloog iets te scheutig is geweest. Na een korte afstraffing: 'Ach man kijk nou toch uit wat je doet... dat is smerig bijtend spul, drie keer knijpen is meer dan voldoende en onthou dat nou...' begint de archeoloog aan het helse karwei. Hij sopt met de kwast in de bak, plenst hem dan met een kwak op de tegels en maait daar – achteruitlopend – met halfcirkelende bewegingen overheen, er voor zorgend dat hij zelf goed in het midden blijft. De Opperman staat het op afstand even aan te kijken, schudt dan meewarig zijn vierkante hoofd en neemt de actie over. 'Kijk zó…' zegt hij, 'door z'n eigen gewicht vaart laten krijgen… niet op die stok drukken want dan rem je de boel… zo dus… van je links naar je rechts naar je links naar je rechts… niet drukken dus, want anders word je doodmoe…'

De archeoloog neemt gewillig de stok over, maar de souplesse zit niet in z'n lijf en dus blijft het een stroeve vertoning. De Opperman zucht en besluit om zich te concentreren op zijn andere discipel. Deze heeft – als een tovenaarsleerling – de machine met de draaiende schijf aangezet en tolt daar nu achteraan, totaal onmachtig om hem in bedwang te houden.

'Rústig, rustig, rustig…' roept de Opperman, 'hou 'em recht, niet te veel op drukken, alleen maar sturen… kijk uit, zo vlieg je in de kettingen… doe uit dat ding…'

'Wáár…??' roept de jongen in paniek en hij rolt a-technisch met de ogen, zoals studenten in de psychologie soms doen.

'Waar je hem aangezet hebt natuurlijk…' zegt de Opperman, 'dat knoppie bij het handvat… néé… je rechterhandvat sufferd…'

Met een sprong weet de Opperman te voorkomen dat de afzetketting door de draaiende schijf wordt gegrepen en met nog een sprong naar het rechterhandvat zet hij de machine stil. 'Ach man kijk nou toch uit wat je doet… d'r zit maar één knoppie aan om 'em aan en uit te zetten en onthóu dat nou… Je hebt toch wel es een keer gras gemaaid? 't Is allemaal hetzelfde systeem, je moet er gewoon soepel achter blijven lopen. Ik zal het je nog één keer voor doen... hier, kijk dan... niet met je lijf tegen aan gaan hangen en je niet mee laten sleuren, dat is het hele geheim...'

Intussen heeft de archeoloog kans gezien om in moeilijkheden te raken. Hij heeft te veel water met bijtend spul op de tegels gegooid en hij ziet met schrik dat het bij zijn zolen naar binnen gaat lopen. Hij zoekt zijn toevlucht op een dweil en staande op zijn hakken, zijn tenen schuin omhoog, steunend op de kwaststok, wacht hij af of de Opperman hem redden zal.

'Ach man kijk nou toch uit wat je doet...' roept de Opperman, 'wie gooit er nou zoveel water op de grond, dat moet je dan ook allemaal weer weghalen... hier, moet je kijken je schoenen... zijn helemaal uitgebeten...'

De archeoloog kijkt verstijfd omlaag. 'M'n nieuwe schoenen...' zegt hij.

'Wie trekt er nou nieuwe schoenen aan als die de hal van Schiphol moet schoonmaken,' zegt de Opperman, 'trek voortaan je waterlaarzen aan en onthou dat nou.' Terwijl de Opperman met de kwaststok het water een beetje verspreidt, komt de a-technische psycholoog met een bloedgang en met de draaiende schijf recht op de archeoloog af en dús dwars door het water heen dat alle kanten uitspat. En dus ook de kant op van de archeoloog, die maar één oplossing weet: wegwezen door de elektronische schuifdeuren.

'Wacht nou toch even tot ik het water heb weggehaald...' schreeuwt de Opperman, 'jullie maken er een puinhoop van met z'n tweeën... doe uit dat ding... het knóppie... aan het handvat...'

Natuurlijk zit de psycholoog weer aan het verkeerde

handvat te morrelen, zodat de Opperman er weer op af moet springen.

'Dat zijn nou onze knappe koppen,' roept de Opperman nu werkelijk boos. 'Ga aan de kant staan met dat ding en wacht daar, tot ik het hier droog heb gezogen.' Schuldbewust doet de psycholoog wat hem gezegd wordt.

De Opperman zet de afzuigkar aan en dreunt daarmee door de smurrie heen. Aan zijn bewegende mond zie ik dat hij een alleenspraak houdt die hem ervoor zal behoeden gefrustreerd te raken.

Intussen staat de archeoloog achter de glazen schuifdeuren de aandacht te trekken. Aan zijn gebaren te zien zit hij gevangen want het tweede stel glazen schuifdeuren, direct grenzend aan de buitenlucht, is 'in verband met schoonmaakwerkzaamheden gesloten' en het stel waartegen hij zachtjes staat te tikken, reageert alleen maar op tikjes van de ándere kant.

Zuchtend schakelt de Opperman de afzuigkar uit. 'Ja wat nóu weer…' roept hij naar de archeoloog.

'Ik kan er niet úit…' zegt de archeoloog.

De Opperman loopt met grote passen naar de schuifdeuren en deze openen zich zoals eens het water van de Schelfzee.

De archeoloog huppelt opgelucht met zijn soppende schoenen over de drooggezogen tegels. 'Ach man kijk nou toch uit wat je doet…' roept de Opperman wanhopig, 'sta ik het allemaal net droog te zuigen… kom jij weer aan met je modderpoten… geef me nóg es een paar studenten… ik krijg de zenuwen van jullie twee…'

Nieuw lapje d'r over

Het is Grootvuildag en ik sjouw een bankje naar buiten dat zijn glorietijd achter de rug heeft. Direct stapt er een meneer van zijn fiets af. Hij groet me beleefd en vraagt: 'Doet u dat weg, mevrouw?'

'Ja,' zeg ik, 'het is kapot.'

De meneer zet zijn fiets tegen het hek en gaat het bankje bekijken. 'Van onderen ziet het er nog goed uit allemaal,' zegt hij, 'het is alleen van boven hè, de bekleding... nieuw lapje d'r over en het kan weer mee.'

'Jawel,' zeg ik, 'maar daar heb ik geen zin in.'

''t Is toch heel eenvoudig,' zegt hij, 'een meter of vier stof en je bent weer klaar... en zo vakkundig hoeft 't niet allemaal, een ons stoffeerderspijkertjes, even d'r in tikken en je bent weer klaar...'

'Jawel,' zeg ik nog eens, 'maar daar heb ik dus geen zin in.'

Hij draait nog wat om het bankje heen en zegt: 'Zal ik het meenemen... ik bedoel... het is nog een goed bankje nietwaar, zonde om weg te doen... nieuw lapje d'r over en je bent weer klaar...'

'U mag het meenemen,' zeg ik, 'maar het lijkt me wel moeilijk op de fiets.'

'Nou, nee, kijk, als ik het meeneem kom ik natuurlijk met de wagen. Mijn zoon heeft een grote wagen, daar kan die in... alleen ja... dan moet u het natuurlijk niet hier laten staan, want dan nemen ze het mee. Kan het niet voorlopig in de tuin staan?'

'Ja hoor,' zeg ik, 'dat kan. Maar u komt het toch echt halen hè, anders moet ik weer drie weken wachten tot de volgende grootvuildag.'

'Ja, dat spreekt, anders zit u drie weken met dat bankje in de tuin… ja, nee zeg, natuurlijk kom ik het halen, ik moet alleen even mijn zoon opbellen dat is alles… als u telefoon heeft bel ik hem even bij u op…'

Ik heb telefoon, dus belt hij op. 'Ja, zeg luister es, ik kom net bij Arie vandaan en ik rij naar huis en ik zie hier in de straat een bankje staan voor het grootvuil en dat is eeuwig zonde want het is nog een goed bankje, nieuw lapje d'r over en het is weer klaar. Als jij nou strakkies even met de wagen…' Zoonlief voelt al wat er moet gebeuren, maar laat zijn dagprogramma niet in de war sturen. Met een harde stem valt hij zijn vader in de rede.

'Ja, ik wéét wel dat je het druk hebt…' zegt papa ten slotte, 'maar het is nog een heel goed bankje, ik zeg al: nieuw lapje d'r over en het is weer klaar.'

Weer die harde stem en weer papa: 'Ja, nou dan niet, dan zie ik wel hoe ik het naar huis krijg… nee, helemaal niet, 't hele huis staat helemaal niet vol met rotzooi… je moet 't zien, 't is een heel goed bankje, nieuw lapje d'r over en het is weer klaar…'

Gepikeerd legt papa de hoorn neer. ''t Is fraai,' zegt hij, 'aan je kinderen moet je nooit wat vragen… Nou ja goed, hij heeft 't druk, ik weet 't wel… hij heeft de wagen nodig vanmiddag voor een transport en vanavond gaat ook niet en morgen ook niet… Nou ja, als het zó lang gaat duren, heb je nog kans dat het gaat regenen ook… Uh wat ik zeggen wou… binnen zetten zolang kan zeker ook niet?'

Ik moet er niet aan denken, ik heb dat ellendebankje met de grootste moeite naar buiten gekregen. Maar ja… de meneer kijkt me zo treurig aan… Ik heb nog een imperiaal in de kelder, als ik die nou op mijn autootje zet en ik breng dat bankje zelf even… 'Waar woont u?' vraag ik dus.

De meneer voelt direct welke richting het uitgaat. Daar en daar en dan moet u zus en zo rijden en 'als u het nu metéén kan doen, dan rij ik voor u uit'.

Met z'n tweeën prutsen we de imperiaal op mijn auto en daarna ook nog eens het bankje, dat we met een te kleine spin en de sjerp van mijn badjas vast weten te zetten. Hij probeert ook nog of z'n fiets er misschien bovenop kan, maar dat vind ik te link, 'nee hoor meneer, rijdt u maar gewoon voor me uit.'

En daar ga ik dan met m'n handel, de halve stad door in m'n twee achter het fietsje aan. Af en toe stoppen, omdat de meneer bij een asbak weer iets aanlokkelijks ziet. Een- maal komt hij zelfs met een soort wasmand naar me toe, wijzend naar mijn dak, maar ik schud heftig nee en dus gaan we weer verder. Ten slotte komen we dan bij zijn huis aan, een schattig huisje met witte en rode kolen op de vensterbank. Zijn vrouw doet al open als ze ons aan ziet komen, maar aan haar manier van kijken merk ik dat ze geen toenadering met me zoekt.

'Wat heb je nóu weer…' zegt ze, 'wéér een bankje… man, we hebben bankjes zat…' En tegen mij: 'Een ka- mertje van vier bij vier mevrouw… dat kan er toch niet bij, waarom moet die rommel toch altijd naar míj toe?'

De man zet zenuwachtig zijn fiets tegen een lantaarn- paal en klopt op mijn deur. Maar ik kijk wel uit, ik blijf zitten waar ik zit… m'n raampje een stukje naar beneden, dat is alles.

'Kijk dan eerst even…' hoor ik hem tegen haar zeggen, ''t is nog helemaal goed, nieuw lapje d'r over en 't is weer klaar… zoiets kan ik toch niet laten lopen…'

'Nee…' houdt ze voet bij stuk, ''t komt mijn huis niet in, ik heb zat van die rommel, ik moet 't niet meer… laat ze maar zien dat ze 't aan een ander kwijt raakt…'

'Ja maar luister nou even… kijk dan eerst even…'

'Néé… ik moet het niet meer…'

Dan kijkt ze berispend mijn kant uit en zegt: 'En ú begrijp ik ook niet mevrouw… als u dat bankje niet meer hebben wil, zet het dan op straat… eens in de drie weken is het Grootvuildag…'

Ik knik. 'Ja, zeg ik, 'dat is het vandaag…'

'Nou dan,' zegt ze, 'had het dan buiten gezet en val d'r mij niet mee lastig.'

Querina van de donkere nachten…

Ergens in de provincie Utrecht staat een oude boerderij, waar ik wel eens kom omdat er bijeenkomsten worden gehouden voor mensen die nog meer willen weten dan ze al weten. Maar eigenlijk kom ik er voor de tuinman.

De tuinman heet Koos, hij is een jaar of dertig, heeft prachtig lang haar en zijn blote rug en borst hebben de kleur van de aarde aangenomen. Men zegt dat Koos niet helemaal bij z'n hoofd is, maar daar heb ik nooit iets van gemerkt, want Koos weet alles. Hij weet veel meer dan al die mensen die daar bijeenkomen omdat ze nog meer willen weten. Koos weet alles, hij kan alleen mijn naam niet onthouden. Soms noemt hij me Ida of Ina en soms zit hij er helemaal naast, dan zegt hij: 'Viola… of nee eh… kom, hoe heet 't… Jasmijn bedoel ik…'

In het begin verbeterde ik hem nog. 'Ik heet Yvonne,' zei ik dan en dan kon hij zich wel voor z'n kop slaan. 'Ach ja, natuurlijk, Ifònn natuurlijk, hoe kan ik dat nou toch vergeten, hè…' Maar vijf minuten later zette hij zijn handen om zijn mond en schalde hij door de tuin: 'Iris, waar zit je… heb je zin om met me mee te gaan… dan zal ik je laten zien hoe ver ik met de vijver ben.' Koos laat alles verwilderen, dat is zijn trots, hij houdt op het juiste moment de verwildering in toom, dat is zijn vak en hij praat tegen zijn verwilderde vrienden, want dat is zijn leven.

Hij vindt het erg fijn wanneer ik een uurtje met hem meeloop door zijn domein. Maar dan moet ik natuurlijk niet zo lomp zijn om op een anderhalve centimeter hoge kersenboom te gaan staan die bezig is tussen de overwoekerde klinkers het levenslicht te aanschouwen. Want dan krijg ik de wind van voren: 'Hé, til je poot op, wat doe je nou, je staat op een kersenboom, zie je dat dan niet… hier kijk… dat is een kind van die grote kersenboom achter jou en die heeft de wieg van d'r jongste spruit neergezet tussen de klinkers, maar niet met de bedoeling dat jij d'r met je grote platpoten op gaat staan… gosjemijne…' en liefdevol knielde hij bij de babyboom, 'gosjemijne… nog niet eens geknakt… kijk es Inez, wat een veerkracht er in dat sappige lijfje zit… huppeté… daar gaat die weer omhoog… doe jij hem niet na hè, als je een heipaal op je harses krijgt…' Hij masseerde het kersenboompje en drukte de aarde om het voetje nog wat steviger aan. 'Weet je wat, straks als je weggaat, dan krijg je hem van me mee om in je tuintje te zetten en tegen de tijd dat hij dan groot is, heb jij geleerd dat je geen plantjes moet vertrappen.' Ik keek een beetje sip naar die anderhalve centimeter. 'Hoe lang duurt dat, voor hij groot is?' vroeg ik hem.

'Hoe lang dat duurt? Twintig jaar misschien… maar dat geeft toch niet, of heb je geen geduld? Of wou je z'n moeder meenemen soms? Als jij een kind krijgt dan is het toch ook een baby en niet een uit de kluiten gewassen bonkige tuindersknecht… Nee, Aïda, jij krijgt die babykers van me mee, als je tenminste belooft, dat je er liefdevol voor zal zorgen. Doe ter maar een verbandgaasje omheen de eerste week, dan krijgt hij wel frisse lucht en staat hij niet te verbranden. En dan ga je toch van hem houden… iedere dag ga je naar hem kijken of hij er al een blaadje bij gekregen heeft… en dan later, dan ga je geen dag meer op vakantie zonder te denken: Hoe zou het met m'n kersenkindje zijn.'

Ik heb met Koos langs zijn sloot gelopen. Boterbloemen overal. Veronica, klaver, distels, dotterbloemen, gro-

124

te en kleine berenklauwen... En bij al zijn planten knielde hij neer.

'Doen jullie zo goed je best?' zei hij en tegen mij: 'Ze bloeien voor mij, alles wat hier bloeit, bloeit hier voor mij... de koekoeksbloem, de dovenetel, het pijpenkruid, kijk maar om je heen... álles bloeit hier alleen maar voor mij... en omdat jij met me meeloopt, lieve Irena, bloeien ze vandaag ook een beetje voor jou, maar eigenlijk is dat een beetje koketteren... En nou denk jij waarschijnlijk dat ik na zo'n dag tot niets meer in staat ben hè, maar dan heb je het mis hoor... want kijk, daar, zie je dat tuinhuisje, dat is helemaal van mij... en wat valt jou op? Dat er op het dak geen televisieantenne staat. In dat tuinhuisje, daar woon ik, daar staat mijn bed en daar heb ik een grote tafel met een paar stoeltjes en zo 's avonds, dan zit ik aan mijn tafel en dan verzin ik nieuwe plantennamen. Want dat is het mooiste wat er bestaat hè: plantennamen... Wat zeg je van schildersverdriet en lievevrouwebedstro en van slaap- kamergeluk... maar ja, dat zijn dus namen, die zijn al door andere mensen verzonnen... en nou heb ik het als mijn taak gemaakt om hele mooie nieuwe namen te verzinnen en die geef ik dan aan planten die maar hele gewone na- men hebben. En dat doe ik dan allemaal 's avonds als ik aan mijn grote tafel zit. Dan verzin ik mijn eigen namen, zoals Mariabeddeminne... dat klinkt heel mooi vind je niet?... enne... Sankta Andrea van de klokken... práchtig vind ik dat... enne... Leila van de woeste tuinen... enne... mis- schien noem ik er ook nog eentje naar jou, daar moet ik heel ernstig over nadenken vanavond... misschien noem ik hem dan wel Querinakersebloed... offe... Querina van de donkere nachten... hè, Querina, dat zal jij fijn vinden om te weten dat er in mijn tuin een Querina van de donkere nachten staat te bloeien, allenig maar voor jou…'

Teun-jongen

Kleddernat kom ik de hakkenbar binnen.

'Ga maar lekker zitten, meid...' zegt de schoenmaker en hij wijst naar een lege kruk, ''t is hier tenminste droog... kopje koffie uit de automaat, sigaretje – daar staat de asbak – en geef míj die natte schoenen maar...

Een gelukzalig gevoel overvalt me. Deze man weet wat het kleine woordje 'welkom' betekent. Thuis staat hij vast al klaar met een handdoek als zijn natte hond binnenkomt. En hij warmt de verkleumde handjes van zijn zoontje, als hij tóch te lang in de kou heeft gespeeld. Deze man zou de moeder kunnen zijn van Ot en Sien en Pim en Mien.

Hij bekijkt mijn schoenen en trekt een bedenkelijk gezicht. ''t Zijn zeker lekkere stappertjes, hè?' zegt hij en als ik knik gaat hij door: 'Ja, dacht ik wel... had je d'r wel wat voorzichtiger mee kunnen zijn, ik vraag me af, of ik ze nog kan redden...'

Redden... precies... deze man máákt geen schoenen, hij rédt schoenen, hij is de grootste schoenenredder ter wereld.

'Ik kan er natuurlijk wel gewoon zolen en hakken onder gooien, maar van binnen is het ook niet veel meer, het hele verband ligt eruit, ik kan zó zien wat je d'r allemaal mee gedaan hebt...'

Hij kijkt me uitdagend aan en daarom zeg ik: 'Nou...??'

Hij tuurt in mijn schoenen zoals een waarzegster in een linkerhand – karakter en levensloop zijn voor hem geen geheim meer. 'Je hebt er mee lopen sjappelen...' zegt hij, 'je hebt vast en zeker een hond... en een fiets heb je ook,

kijk maar... dát is van de trappers... En je hebt zo je voor-
keurtjes, nietwaar?... Je hebt misschien wel een kast vol
schoenen, maar als 't effe kan trek je deze aan... Nou,
vooruit dan maar... ik zal ze een nieuw hartje geven...
trek jij intussen een kopje koffie, zet ik gezellig de radio
aan...'

Kneuterig kom ik met mijn koffie bij hem zitten en ik
kijk hoe hij de zolen van mijn schoenen trekt.

'Eigenlijk mag ik dat wel,' zegt hij, 'dat je met die lorren
bij me komt... Tegenwoordig is het al heel gauw: wég
met die rotzooi... iets laten maken, daar denken ze nauwelijks meer aan... Vinden ze het nog gek dat het vak-
manschap uitsterft. Een goeie schoenmaker, waar vind je
die nou nog? Zo ééntje, die van zijn vak zijn leven maakt,
bedoel ik. Ja, hakkenbarren zat, schoenmakers zat... maar
denk maar niet dat jij daar met zo'n lor aan kan komen...
beginnen ze niet aan, kost veel te veel geld... want réken
maar dat ik op je sta te verliezen... alle tijd die ik in jóu
stop... had ik allang drie paar schoenen in kunnen ver-
zolen... Maar ik doe het omdat ik er lol in heb, want als jij
straks weer wegwandelt op een paar knappe schoentjes,
dan zeg ik: Teun, jongen... dat is weer voor elkaar... dat
zijn weer een paar schoentjes om U tegen te zeggen...'

Een paar minuten kan hij niet praten, want hij houdt de
zolen tegen een draaiende schijf. De vonken spatten om
hem heen, gesnerp vult de ruimte. Maar zodra hij de kans
krijgt, begint mijn schoenenredder weer. 'Laatst had ik
hier een dame... zat op dezelfde kruk als jij... en die had
een paar laarzen gekocht voor 660 gulden... noú jij...
Dat was vroeger de eerste aanbetaling van een huis, kopen
ze nou een paar laarzen voor... en dan wát voor laarzen...
Zo op het oog leek het heel wat, eerste klas leer, perfect

model én modieus natuurlijk, mág ook wel voor 660 gulden... Maar het venijn zat in de staart, oftewel in de hak, want na een paar keer lopen was die los gaan zitten en geen mens die er meer wat aan kon doen... Want wat wil nou het geval... die laars had geen rits, die was van boven elastisch en daar moest je zó maar in zien te komen. En die losse hak kan je alleen maar vast slaan op een leest en een laars zonder rits krijg je met geen mogelijkheid op een leest, nóu jij, dán ík, wát een ellende... Eerst dacht ik: Nou je zoekt het maar uit, dame, met je laars, als je 660 gulden kan betalen, koop je maar rap een paar nieuwe, maar toen bekeek ik dat smoeltje eens goed en toen dacht ik: jij bent er ingestonken, meid... jij hebt eerst maanden zitten sparen van je loontje om ééns in je leven es iets moois voor je eigen te kunnen kopen. De tranen stonden in d'r ogen en ik zei tegen mezelf: Teun, jongen... help dat kind... ze weet niet beter... Ik heb die laarzen bij me gehouden – ze had gelukkig andere schoenen aan – en ik heb me dagen suf lopen piekeren... slapeloze nachten heb ik ervan gehad. Maar het is me gelukt, ik heb een speciale leest gemaakt, alleen om die hak vast te spijkeren...'

Hij is niet alleen een schoenenredder, hij is een mensenredder, een privé-sos-dienst, besef ik ineens. Sociale Zaken met buitenmodel leest. Bij hem kom je niet voor zolen en hakken, bij hem kom je voor een nieuw hart in je schoen, een blanke ziel in je laars en een zuiver geweten voor je slippertjes.

Alweer je zin

Zo tegen het voorjaar begin ik altijd te piekeren of ik niet iets aan ons huis zou kunnen doen. Het ene jaar laat ik een muurtje doorbreken, het andere jaar komt er een metertje serre bij, soms neem ik genoegen met het door elkaar heen hutselen van alle meubels en een maand geleden dacht ik: kom... dit jaar zal ik de tuin eens laten doen... ik maak er een knus, een kneuterig binnenplaatsje van.

Via de krant kwam ik aan het adres van een straten-maker, die direct bereid was met een aantal tuintegels bij me langs te komen. Maar – zo legde ik hem uit – dat was niet nodig, want ik had precies in mijn hoofd wat ik in de tuin wilde hebben: kinderhoofdjes... doodgewone kin-derhoofdjes.

'Belachelijk, mevrouw,' zei de stratenmaker, 'ik ben een vakman en ik zeg u dat u dat niet moet doen, daar hebt u alleen maar ellende van en er groeit van alles tussen...'

'Precies,' zeg ik, 'dat is nou net wat ik hebben wil, dus doet u mij een plezier en legt u kinderhoofdjes in mijn tuin.'

'Tóch is het belachelijk...' hield de vakman vol, 'als alle mensen kinderhoofdjes willen dan blijf ik strakjes met een pakhuis tegels zitten.'

Belachelijk of niet, de vakman kwam de volgende dag toch even naar mijn tuintje kijken. 'Wat een pesttuintje,' zei hij, 'acht bij acht, ook niet veel soeps... ken je je kont niet in keren...'

'Ja, maar...' zei ik een beetje kwaad, 'het ligt op het zuiden, van 's ochtends tot 's avonds zon en bovendien ben ik er dolgelukkig mee.'

''t Blijft een pesttuintje…' hield hij vol, 'en dán nog kinderhoofdjes, wat verdien ik daar nou eigenlijk aan?'

'U heeft toch uw uurloon, u zult er toch wel wát aan verdienen?'

'Ja, maar ik loop mijn procenten toch mis,' dreinde hij door, 'op die kinderhoofdjes krijg ik geen procenten.'

'En toch wil ik kinderhoofdjes…' (als het moet, kan ik ook doordreinen) 'en als u het niet wil doen, dan zoek ik wel een ander.'

De vakman trok zich meteen terug in de verdediging. 'U hoeft me niet op te vreten,' zei hij, 'u kan ze krijgen, het is úw tuin, maar omdat ik het moet doen, zeg ik dat het belachelijk is…'

Een moment keken we elkaar aan als een echtpaar met vijftig jaar slepend huwelijksgeluk, maar kennelijk keek ik toch net iets venijniger. Daarom zei hij sussend: 'Oké… oké… je krijgt je zin… ik smijt die pesttuin vol met kinderhoofdjes…'

'Als u het maar netjes doet…'

'Oké… oké… alweer je zin…' zei hij en mokkend stapte hij de deur uit.

Een week erna stopte er een vrachtauto met een lading kinderhoofdjes voor mijn deur. Weer een dag later werd er een berg zand op de stoep gestort en de daaropvolgende dag meldde zich de vakman. 'Mevrouw,' zei hij, 'ik heb mijn maat meegenomen… u krijgt een beetje rotzooi in de gang, want we moeten er doorheen met de kruiwagen, dus effe twee dagen de tandjes op elkaar en dan is het allemaal gepiept…'

De eerste dag werd geheel gevuld met het wegscheppen van een laag aarde en het aanbrengen van een laag zand. De tweede dag was de dag van de kinderhoofdjes.

Het begon al meteen goed. 'Hoe wilt u het hebben?' vroeg de vakman, 'ik kan het in een soort waaier doen, maar dat gaat geld kosten, maar ik kan er natuurlijk ook gewoon rijtjes van maken.'

'Het kan me allemaal niets schelen,' zei ik, 'als het maar niet te regelmatig is... de ene steen mag best een beetje hoger liggen dan de andere.'

'Belachelijk...' zei de vakman, 'la-me-nie-lachen... dan hebt u vóór u bij de schuur bent al uw nek gebroken.'

'Daar hoeft ú zich toch niet druk om te maken,' zei ik, 'het is toch míjn nek... leg die stenen nou maar kris-kras door elkaar, de één een beetje hoger dan de ander.'

'Oké... oké...' zei de vakman, 'alwéér je zin... maar ik zweer je dat het je zal berouwen...'

De vakman bleek inderdaad een waar vakman te zijn. Tegen de avond had hij de tuin omgetoverd in een beeldschoon binnenplaatsje en in mijn verbeelding zag ik overal potten met bloemen staan.

'Is het naar uw zin?' vroeg hij, toen we samen nog iets met elkaar dronken, 'ik bedoel, ligt het schots en scheef genoeg?'

Ik knikte hem dankbaar toe, want nog nooit van mijn leven had ik zo'n door elkaar gerammeld straatje gezien.

'Nou ja...' zei hij, 'als ú er maar gelukkig mee bent...' en zijn hoofd schuddend over zoveel onverstand, zocht hij zijn laatste spulletjes bij elkaar. Terwijl hij daarmee naar zijn auto verdween, zag ik achter in de tuin zijn kniebeschermers liggen. 'Hé...' dacht ik, 'die is hij vergeten...' Kennelijk was hij zelf ook op die gedachte gekomen, want toen ik de kniebeschermers had opgeraapt, zag ik dat hij was teruggekeerd en in de open keukendeur naar me stond te kijken. 'Ach...' zei hij, 'ik heb zoveel in mijn handen… misschien dat u ze hier effe boven op kan leggen…'

'Ja hoor,' riep ik, 'ik kom er al aan,' en uit pure gewoonte begon ik te hollen. Ver kwam ik niet, want met mijn rechtervoet stootte ik tegen een hogerliggend kinderhoofdje en voor ik het begreep, lag ik languit op de grond. Toen ik opkeek, zag ik de vakman naar me knikken. 'Alwééér je zin…' riep hij, 'zéi ik toch… dat je je nek zou breken…'

NOS

Amsterdam is Amsterdam en je kunt er maar beter niet per auto komen. Als je het toch doet en je probeert hem kwijt te raken in de buurt van de grachten bijvoorbeeld, dan loop je kans het volgende mee te maken: Ik rijd al een tijdje rond, in m'n één achter de tram aan en schiet dan uit pure wanhoop een straatje in waar ze bezig zijn een oud pand af te breken. Of op te bouwen, dat kan ook. Achter een groot ijzeren hek zie ik een volle container en een vrachtauto met bouwmaterialen. De auto voor me rijdt de uitrit op en in een flits bedenk ik dat ik dat ook wel eens kan doen. Gewoon volhouden dat ik ook in de bouw zit. Het hek wordt achter me gesloten door iemand met een helm op en ik sudder verder naar een hoek van het terrein. Hè-hè, eindelijk een parkeerplaats…

Maar als ik uit mijn karretje stap komt de helm naar me toe.

'Bent u d'r eindelijk,' zegt hij, 'u bent toch van de Vei-ligheidsdienst hè?' Dat opent nieuwe perspectieven die ik juist van plan ben uit te buiten als het misverstand aan het licht komt. Mijn auto mist namelijk het embleem van de Veiligheidsdienst en met uitgestoken vinger wordt mij het gat van de deur gewezen.

Maar zo makkelijk laat ik me nou ook weer niet ver-wijderen. 'Ach, doe nou niet zo flauw,' zeg ik, 'ik kan nergens mijn auto kwijt en hij staat hier toch niet in de weg, laat me nou een uurtje staan…'

'Nee,' zegt de helm, 'dit is een bouwterrein, straks ko-men er vrachtwagens met hele lange stangen en dan word je aan de spies geregen…'

'En die man van de Veiligheidsdienst, wordt die ook aan de spies geregen?'

'Dat is heel wat anders, die heeft een embleem en dat ziet iedereen.'

'Mijn auto zien ze toch ook...'

'Ja, maar die heeft geen emblé-héem... en u bent niet van de Veiligheidsdienst, dus wégwezen... en gauw, want anders haal ik de man van de Veiligheidsdienst...'

'En die is er niet...'

'Zeg, wil je wel es ophoepelen, tante...'

'Oké,' zeg ik en stap weer in.

De helm is me behulpzaam bij het achteruit door het hek rijden. Beetje naar links, beetje naar rechts en ineens zegt hij stop. Hij komt bij mijn raampje staan. 'Hoe lang bleef je weer weg ook alweer?'

Aha... mijn hoop laait op. 'Een uurtje,' zeg ik.

'Waar moet je dan zijn?'

Nou ja, voor een parkeerplaats wil ik best wat geheimen kwijt. 'Even foto's ophalen bij iemand en een kop koffie drinken...'

'Wat zijn dat voor foto's en bij wie ga je koffie drinken?'

'Nou ja... bij iemand dus...'

Hij taxeert mijn gegevens op wisselwaarde en zegt dan: 'Ja, kijk... mij kan het niet schelen natuurlijk of je auto daar nou een uurtje staat, maar het mag niet hè... voorschrift... alleen mensen die hier wat te maken hebben...'

'Ik begrijp het,' zucht ik, 'ik bén al weg...'

Maar nu houdt hij me tegen. 'Bij wie ging je ook al weer koffie drinken, zei je?'

'Wat doet dat er nou toe, ik moet toch weg?'

'Kijk, voor mijn part zet je je auto daar neer... heb je

niet iets dat je voor de ruit kan zetten, want dan ben ik gedekt begrijp je...'

Hij gaat gezellig over mijn raampje hangen, zijn helm schuift hij naar achter.

'Voor de ruit?' vraag ik, 'Wát voor de ruit?'

'Nou iets van Pers of zo, dat kan toch, dat de pers er is? Het gaat mij er alleen maar om dat ik het kan verantwoorden.'

Ik denk even na. Nee, ik heb niets van Pers of zo.

'Kijk, ik heb in mijn auto voor noodgevallen altijd zo'n kartonnetje liggen, heb ik een boel profijt van. Weet je wat, zet maar weer terug je auto, zal ik het even halen voor je, mag je het lenen van me als het toch maar een uurtje is...'

Hij barst in hollen uit en ik zet mijn auto in de hoek. Zal mij benieuwen waar hij mee terug komt.

'Kijk,' zegt hij, 'zet maar voor je ruit... NOS staat er op... Slaat in als een bom, waar je ook bent, al zou je je auto midden op de Dam zetten. Met NOS voor je ruit en dan een stukkie kabel uit je kofferruimte laten hangen, heb je nergens geen last van... Hé, denken de mensen dan, interessant, ze zijn zeker een reportage aan het maken... Weet je hoe ik hieraan kom? Heel eenvoudig, kind kan de was doen... Mijn zoontje heeft laatst geluidsapparatuur aangeschaft van SONY, je weet wel dat merk. Zat allemaal in zo'n grote doos verpakt met in zwarte letters SONY er op. Enfin, het geluid heeft al een dag door het huis gedrensd, knetter word je daar van en de doos stond al te verregenen bij de asbak toen ik inene dacht: 'Wacht effe... koppie-koppie-klik... Ik loop naar buiten, grijp de doos, scheur het stuk karton eraf met SONY er op, knip de Y er af en hou dus SON over. Effe omdraaien die han-

del... staat er NOS ... precies wat ik hebben moet... Nou
en vanaf dien kan ik m'n auto zetten waar ik maar wil...
hierzo... je mag het een uurtje lenen van me... en bij wie
ga je koffie drinken en wat zijn dat voor foto's als ik vragen
mag...?'

Broer

Als ik aan kom hijgen rijdt de trein net weg. Dat wordt dus wachten, dame. 'Laten we maar in de restauratie gaan zitten,' hoor ik achter me zeggen en als ik me omdraai, zie ik twee verdraafde mannentypen die kennelijk net als ik de boot hebben gemist. Ik kan eigenlijk best met ze meegaan.

Ze nemen een tafeltje bij het raam en ik blijf een beetje in hun buurt. 'Twee koffie,' zegt de oudste, zo'n bleek, mager manmens dat het van z'n snor moet hebben. Hij doet me een beetje denken aan George van Mildred, dat Engelse probleemstel. In het raam tracht hij een glimp van zichzelf te ontdekken. Hij spreidt snel wat haar over een kalende plek op zijn hoofd. Zo... het imago is gered en hij kan rustig koffiedrinken.

Met het imago van zijn overbuurman is het minder goed gesteld. Dat heeft een opdoffer gekregen omdat z'n polshorloge het niet meer doet. 'Ik begrijp er niks van,' zegt hij, 'de chip kan het niet zijn want ik heb net een nieuwe... officieel kan het ook niet kapot. Het werkt allemaal elektronisch hè. Een elektronisch brein dat zichzelf verlicht, net een kattenoog met datum, máchtig vind ik dat... maar ja... het is kapot... En het moet nét gebeurd zijn, want in de tram deed die het nog, want toen zei ik nog: Moet je kijken wat machtig, ik druk even op dat knopje en dan springt de datum er op en als ik los laat heb ik gewoon de secondetijd... máchtig...'

'Ik zal je wel eens even zeggen dat een haan geen ei kan leggen...' zegt George en hij kijkt dominerend voor zich uit.

'Wat zég je?' vraagt zijn buurman.

'Dat een haan geen ei kan leggen... kapot is kapot... dan houdt het op... geen datum, geen secondetijd, helemaal niks... kapot... daar helpt geen lieve moeder aan...'

'Hoe is het met je moeder?' vraagt de buurman.

De wenkbrauwen van George gaan iets omhoog, onder zijn snor blijft zijn mond lang open staan vóór hij zegt: 'Ach jawel... hoe gaat dat... oud... zo gaat dat nietwaar...'

De buurman prutst verder aan zijn horloge en vervolgt achteloos: 'En met je zuster?'

Weer die wenkbrauwen, weer die open mond. 'Nou ja...' zegt George, 'nou ja, kijk... dat is een ander chapiter... dat is... nou ja, zo gaat dat, nietwaar...'

De buurman zwijgt lang en zegt ten slotte: 'En met je broer?'

'Mijn broer...' zegt George en hij frommelt het suikerzakje tot een prop, 'mijn broer die heeft het op de een of andere manier helemaal gemaakt. Dat zat er ook helemaal in hè, vroeger al. Toen had hij dat al over zich van "hier-ben-ik" en "laat-maar-komen-wat-komt", nee, alles wat hij aanpakte werd een succes terwijl als ik iets deed, kon je er zeker van zijn dat het misliep. Op school was dat al zo, eerst zat hij twee klassen lager dan ik, toen werd ik ziek en dat kostte me een jaar en toen zat hij nog maar één klas lager. En verder ging hem alles even makkelijk af, leren ook en bij mij was dat allemaal la-la en op een gegeven ogenblik bleef ik nog eens zitten en toen kwamen we samen. Nou ja, niet in dezelfde klas, maar parallel weetje wel, maar ja, dat is eigenlijk toch hetzelfde. En er werd altijd vergeleken, je broer zus en je broer zo en het eind van het liedje was dat híj slaagde en ík zakte notabene. Daar krijgt de menselijke ziel toch wel een opdonder van.

139

En daarna ook, hij ging studeren en met sport ook, was die vreselijk goed en ik begon toen met die astma weetjewel. Dat had ik als kind al, vandaar dat jaar ziek, maar dat werd in die tijd nog veel erger. En trouwens met alles hè, hij was gewoon vindingrijk. Als ik je toch vertel dat hij het heeft uitgevonden om kattenbakken als kunstvoorwerpen te verkopen. Nam die gewoon afwasteiltjes van plastic en daar streek die aan de buitenkant gips tegenaan en daar schilderde hij dan alle soorten vogeltjes op en die verkocht die aan mensen die wel eens een andere kattenbak wilden. Handig als de duvel die jongen, ík zou er niet op zijn gekomen. En vrienden ook hè, zát... meisjes kon hij krijgen zoveel hij wilde. Nou ja, hij heeft erg zijn best gedaan om mij er bij te betrekken, maar dat kan niet hè, ieder mens is anders. Als je er tien in een kringetje hebt, dan hebben er drie het hoogste woord en zeven staan er voor zich uit te koekeloeren. Bij ons lag dat heel eenvoudig, híj was één van de drie en ik één van de zeven. En later ook, we krijgen op een dag hetzelfde aandeel uit een erfenis en ik loop er linearecta mee naar de bank, zet het vast voor vijf jaar en heb er eigenlijk helemaal geen plezier van. Maar wat doet mijn broer, die koopt een bistro die aan het verlopen is, neemt iemand in dienst met de nodige papieren en het zaakje gaat als een trein op het ogenblik. Dag en nacht is hij er mee doende, hoop mensen om hem heen, intussen zelf de papieren binnengesleept, zodat hij ook niet meer afhankelijk van die ander is. Kijk, dát doet mijn broer. En ik reis nog steeds met hetzelfde treintje van mijn huis naar mijn werk. En om nou te zeggen: Heb je het dan zo leuk op je werk... nee... helemaal niet... maar ik durf geen verandering aan. Daarvoor moet je veel meer het type zijn van mijn broer, die zegt me zo vaak: Als ik jou was had ik het wel geweten…' Het is een poosje stil. George kijkt peinzend voor zich uit, de buurman prutst nog steeds aan zijn horloge.

'De trein zal zo wel komen,' zegt George.

'Tja…' zegt de buurman en hij plaatst zijn ellebogen op tafel, zijn hoofd laat hij nadenkend op zijn handen rusten.

'Gò…' zegt de buurman.

'Hoezo gò…?' vraagt George.

'Gò…' zegt de buurman, 'ik wist niet, dat je een broer had…'

Marinus

Wijdbeens en met zijn armen leunend op een bezemsteel staat daar midden op een duinpad Marinus, mijn vriend. Geestelijk onvolwaardig noemen ze hem. Met een ploeg kameraden werkt hij in de duinen en bijna iedere morgen ontmoet ik hem daar op dezelfde plek. Vanaf het moment dat ik in zicht kom, begint hij naar mij te lachen en te zwaaien. Iedere morgen weer -- en dat al jaren achtereen – steekt hij spontaan zijn hand uit om de mijne langdurig te schudden. 'Hoe gaat het ermee?' vraagt hij. 'Alles goed en ook met de hond? En hoe gaat het thuis met de poezen?' In mijn jaszak heb ik altijd een rolletje pepermunt, want ik weet dat Marinus daar dol op is. 'Een pepermuntje?' vraag ik, en hij, zijn handen afvegend aan zijn bruine ribfluwelen broek: 'O graag… alstublieft… heerlijk fris zo'n pepermuntje…'

Met Marinus praat ik niet over politiek, niet over bezuinigen of over werkloosheid, met Marinus praat ik over wat hem die morgen wezenlijk getroffen heeft. 'Ik veeg vanochtend de bladeren van dit pad,' zegt hij, 'en dan zie ik daar ineens een soort bultje dat ik niet eerder heb gezien. Misschien dat het er wel eerder was, maar ik heb het dus nooit eerder gezien… Als u even met mij meeloopt zal ik het u tonen…' We kuieren samen een paar meter terug om vervolgens eerbiedig neer te knielen bij het 'soort bultje' midden in het duinpad dat nog maar kort tevoren is geasfalteerd. 'Eigenaardig hè,' zegt Marinus, 'net een vulkaantje… klein kratertje er in… wat zou daar nou onder liggen te rommelen? Volgens mij is dat een plantje dat zich naar boven staat te douwen, moet je na

142

gaan wat een groeikracht dat die heeft... klein teer plantje dat zich door het asfalt staat te dauwen... Kijk... wíj leven hier boven de grond, als het hier windkracht negen is of als er een hagelbui de tomatenkassen vernielt, dan zeggen we: Lieve mensen, wat een kracht... maar van de kracht onder de grond hè, vlak onder je voetzolen, wat weten we daar nou van? Zal ik u nou es wat vertellen... weet u dat ik nou ineens een plaatje voor me zie? Ik zie voor me een klein mannetje, dat op de rug van een reus is gezeten. En die reus staat dus onder de grond en die staat dus met zijn rug dat kleine mannetje naar boven te dauwen. En dat kleine mannetje wíl dat helemaal niet, want dat wil daar gewoon blijven zitten, lekker in het donker, lekker veilig onder de grond. Maar het wordt hem helemaal niet gevraagd wat of die wil, die reus die staat hem gewoon naar boven te douwen. Groeien moet je... zegt die, eerst met je kop door het asfalt en dan langzaam je armpjes er doorheen en niet zo bang zijn voor het licht en doe maar gewoon je oogjes open... Vandaar dus al die barstjes die daar in het asfalt komen, zie je wel?' Met zijn vinger volgt Marinus de barstjes, die van het kratertje naar beneden lopen. 'Het zijn er nou zeven,' zegt hij, 'en dan ga ik ze morgen weer tellen, want dan zijn het er vast meer...'

Plotseling staat hij op. 'Kom...' zegt hij, 'ik sta mijn tijd te verdoen, ik heb nog een hele taak voor me liggen. Vanochtend ben ik daar begonnen, kan u het zien? Alle bladeren weggeveegd naar de kant, gooi ik dan tussen de struiken, wordt het mest... en nou moet ik nog het hele pad af. Nou is het wel zo, dat er steeds maar bladeren blijven vallen, dus als ik het schoongeveegd heb ligt het de volgende dag weer vol. Maar toch heeft het nut, want stel dat ik het niet doe, dan rotten ze op het pad vast en dan met een regenbuitje er overheen glijden de mensen er over uit. Dus het heeft nut. En bovendien is het leuk om te doen al die bladeren naar de kant vegen. 't Staat meteen netjes vindt u niet? Zal ik het eens voor doen hoe ik het doe? Wil u d'r even naar kijken?'

Marinus veegt met lange halen de bladeren naar de kant en hij telt er bij met een ernstig gezicht: 'Ene, tweeë, drieë, viere...' en dan weer van voren af aan: 'Ene, tweeë, drieë, viere... gosje wat een werk, dat hele pad moet nog af vandaag...'

Als hij langs een bankje komt, stopt hij meteen met zijn arbeid. 'Even zitten...' zegt hij, 'even op adem komen... u mag best naast me komen zitten hoor...' Hij veegt met zijn zakdoek het plekje naast hem schoon. 'Kijk, voor mij is het niet erg, ik kan zo gaan zitten, maar voor u moet ik natuurlijk zorgen dat er geen vuil op zit. D'r wil wel es vogelpoep op liggen, dat is dan wel ingedroogd, maar 't blijft toch vogelpoep nietwaar... zo... ga maar zitten... lekker hè, in het zonnetje... kom maar hier hoor Fikkie, ik bijt je niet...'

Marinus haalt een pakje shag tevoorschijn en begint tevreden te rollen. 'En straks weer lekker eten...' zegt hij, 'het zal mij benieuwen wat we eten... Ik hoop maar niet dat ze me overplaatsen, want daar praten ze dus over, maar dat hoop ik dus maar niet, want ik vind het hier fijn... Laten ze dan maar liever Henkie overplaatsen, want die z'n schuld is het...' Hij steekt zijn sigaretje aan en ik vraag hem wat er aan de hand is met Henkie. 'Nou kijk,' zegt hij, 'Henkie was er eerder dan ik en daarom zal je zien dat ze míj gaan overplaatsen en dat hij hier mag blijven, maar eigenlijk is het niet eerlijk, want hij maakt ruzie en niet ik. Híj zit me te pesten en niet ik hèm. Hij doet het, niet ik.

En nou heeft de baas gezegd dat het zo niet langer kan en nou heeft die mij dus hier alleen neergezet om te vegen, terwijl Henkie, die dus de ruzie maakt, díe kan mee met de kar met spullen en met de anderen. En ik zit hier alleen. En dat is dus ergens niet eerlijk, vind ik, want Henkie die maakt de ruzie en niet ik… Nou ja…' zucht hij, 'daarom niet getreurd… ik heb m'n taak, ik moet dat hele pad nog afvegen, al die bladeren moeten er nog af vandaag…'

Hij staat weer op en pakt zijn bezem. 'En u heeft maar lekker helemaal niks te doen, hè…' zegt hij, 'u kan daar lekker op dat bankje blijven zitten… Nou… dáag…' zwaait hij, 'ik ga weer vegen… dáag… dáag hondje, dáag… tot morgen maar weer…'

Ik zwaai nog een paar keer als hij zich naar me omdraait.

'Ene, tweeë, drieë, viere…' hoor ik hem zeggen met de vastberaden stem van een mens die zich bewust is van zijn taak. 'Ene, tweeë, drieë, viere…'

Ik aai mijn hond, die zijn kop naar me opheft en in zijn ogen lees ik: 'Wat hebben wíj dan een zinloos bestaan…'

Bom

Met een kopje koffie en een saucijs baan ik mij een weg naar de laatste vrije kruk in de koffiebar. Het is tien over halftwee, om mij heen jachten de mensen door het warenhuis.

Die laatste vrije kruk blijkt een strategisch punt te zijn, ik kan precies in de gaten houden wie er al zo door de draaideur komt. Een verscheidenheid van mensen. De één modieus gekleed doch beladen als een kameel, de ander nonchalant met de handjes in zijn zakken. Plotseling zwiert er een man naar binnen. Krant onder zijn arm, hoed met gemzenveertje, fototoestel en Sterreclame-lach. Zo te zien niet iemand die op knellende schoenen loopt. Ogenblikkelijk ontdekt hij enige goede bekenden aan de bar en hij komt zwaaiend naar ze toe lopen.

'Wat een geluk dat ik jullie zie…' zegt hij, 'je hebt nog vijftien minuten, maak dat je wegkomt, want om twee uur ontploft hier een bom…'

Vrijwel meteen staat er een mevrouw op – kan toeval zijn – en de grote lolmaker neemt plaats op haar kruk. Eén van zijn vrienden haalt voor hem koffie.

'Laatst was ik in Brussel…' zegt hij, 'in de Galerie Louise, je kent dat daar wel… ik kom binnen in een bar en ik zeg: jongens wégwezen, er ontploft hier zó een bom… iedereen denkt dat ik een grapje maak en iedereen blijft zitten… Maar een half uur later ontplóft er een bom… heb je 't gezien op de televisie?… geen gewonden, maar voorlópig… Galerie Louise… controleer het maar…' en als de enig echte bon vivant snoept hij van zijn koffie.

Voorzichtig staat er nog iemand op. Kan natuurlijk ook

toeval zijn... De man kijkt op zijn horloge. 'Mmm...' zegt hij, 'tien voor twee... kan nog net een sigaretje roken.' Hij haalt een blinkende aansteker tevoorschijn. 'Met inscriptie...' zegt hij, 'kijk maar: Lola...'

Hij weegt Lola even in zijn hand, laat haar een steekvlam produceren en stopt haar dan met een feodaal gebaar in zijn binnenzak. Laat ze maar zien hoe ze daaruit kan ontsnappen.

'Maar om terug te komen op die bom...' zegt hij, 'INSIDERS hebben me gewaarschuwd...' en op duidelijke fluistertoon: TANIA EN MANUELLA WETEN ERVAN...

Oei... denk ik, een complot... als Tania en Manuella ervan weten, kan ik maar beter de benen nemen, want dat lijken me typetjes van het Biologische Bevrijdingsfront. Maar ja, aan de andere kant wil ik toch ook wel weten hoe het afloopt. De mevrouw naast mij verkeert kennelijk ook in angstige twijfel. Ze heeft een Russisch ei voor haar neus, geroosterd brood en een kop koffie, haar galgemaal waar ze dik voor heeft betaald. Zal ze het laten staan en voor Tania en Manuella vluchten? Nee, want mevrouw heeft honger. Ze prikt driftig in het ei en houdt de samenzweerders goed in de gaten.

'Nog zeven minuutjes...' zegt de man, 'we kunnen straks het beste zo onopvallend mogelijk weggaan. Niet allemaal tegelijk, twee door de linker- en twee door de rechterdraaideur. Buiten meteen verspreiden, denk er aan.'

Mevrouw schrokt nu zichtbaar geëmotioneerd haar Russisch ei naar binnen, haar koffie trilt ze haastig naar haar mond. Dan, snel, kijkt ze op haar horloge en van daar naar mij, met een ietwat opgeluchte blik in de ogen. 'Hoe laat heeft ú het?' zegt ze, 'ik heb het pas kwart voor twee-ën.' Ik kijk en warempel, we hebben nog even de tijd.

'Ik ook,' zeg ik en net als zij kan ik mijn opluchting niet bedwingen. Want een kwartier is lang, als je bedenkt dat iedere seconde één baby wordt geboren.

Mevrouw schuift haar lege bordje van zich af. Ze gaat weg met een knikje naar mij en een laatste onderzoekende blik op het Biologische Bevrijdingsfront. Ik zie hoe ze door de draaideur ijlt en buiten een moment blijft staan. Zonder twijfel gunt ze zichzelf tien tellen om diep in en uit te ademen. Maar dan schiet ze toch weg. Zo te zien om ergens 'Brand, alarm, politie' te gaan roepen.

Ik zucht, sta op – niet geheel zonder zorgen mag ik wel zeggen – en loop naar de afdeling Cosmetica. Van daaruit zie ik hoe een lachend front twee aan twee naar de draaideur kuiert. Ze dóen maar, denk ik en ik keer me om. Maar op hetzelfde moment laat de cosmeticajuffrouw haar gehele voorraad lippenstiften vallen en tijdens haar poging nog iets te redden, stoot ze een standaard borstels om. Vlak achter mijn onschuldige rug. Ik spring behendig opzij, sla mijn handen voor mijn gezicht, geef een gesmoord kreetje en kijk daarna in het verbaasde gezicht van de cosmetica-juf. 'Ik dacht even dat het een bom was…' verontschuldig ik mij en ik maak snel dat ik weg kom.

Achter mij hoor ik de juffrouw minachtend snuiven. 'Zenuwelijer…' zegt ze en ze heeft nog gelijk ook, want trillend van opwinding bereik ik de draaideur.

Straatje

'Kijk…' zei de schilder, 'in al mijn schilderijen komen dezelfde mensen voor. Dat komt… vlak na de oorlog woonde ik in een heel wonderlijk straatje in de binnen-stad. Eigenlijk een soort hofje met kleine woninkjes, waarin allemaal halvegare mensen zaten. Van alles door elkaar heen. We hadden Ome Piet die beweerde honderd jaar te zijn, maar dat loog hij natuurlijk. Hij had een pracht van een kromme rug, was vroeger kolenboer geweest en daar kwam het door. En hij was maanziek, nee echt waar. Bij volle maan ging hij op een stoel voor zijn deur zitten huilen en iedereen er zich mee bemoeien natuurlijk. "Wat is er dan Ome Piet, zeg het dan, kan je niet slapen… wil je een kommetje warme melk met honing Ome Piet…" Maar nee, hij wilde alleen maar zitten huilen.

En dan was daar Pikke Reus, ook zo'n ouwe baas, die zag eruit alsof hij onder een steen vandaan was gekropen. Verhuizer in z'n goeie tijd en hij was er nog steeds als de pinken bij als er iets te sjouwen viel. Toen Tante Katrien de kachel mocht hebben van Tante Aal, zo'n ouwerwetse kolenkachel weetjewel, toen zei die: "Laat míj maar ef-fe…" Hij ging er met z'n machtige lijf boven hangen, pakte de kachel op en bracht hem brandend en wel van het ene naar het andere huisje. De hele straat stond buiten om hem aan te moedigen en daar raakte hij zo opgewonden van, dat die kans zag met kachel en al nog een rondedansje te maken. Nou ja… en dan hadden we Tante Mela… dat is gek hè, maar zo'n straatje bestaat uit Omes en Tantes… Tante Mela dus, die zat altijd voor het raam op alles te vitten. Als je voorbij kwam kreeg je meteen een kat. "Beroerling," zei ze dan, of: "Lummel... je loopt zowat m'n zonnebloem omver..." Ze zat alsmaar te waken of er niks met die zonnebloem van haar gebeurde. En aan iedereen vertelde ze hoe ze aan 'em gekomen was. In de herfst had ze een vetbol voor de vogeltjes boven het raam gehangen. Toen was er een merel van komen snoepen en die had tegelijkertijd een cadeautje laten vallen. En daar zat een onverteerde zonnepit in en die was tegen het voorjaar uitgelopen.

En dan hadden we Tante Fietje met d'r rode kater en d'r winterhielen. Volgens mij had ze helemaal geen winterhielen, maar ze was gewoon te lui om brand te roepen. Daarom tikte ze voortdurend tegen het raam als iemand langs kwam. "Ach meneer, ken u voor mij een halfje bruin halen en een ons hoestpastilles, want ik ken niet in m'n schoenen vanwege m'n winterhielen..." En dan ging je hè, ja, wat moest je anders doen. Ze schijnt nog in de Scala te hebben gedanst, in de Revue met van die veren op d'r hoofd en aan d'r lijf. In d'r huisje, vlak bij het raam zodat iedereen het kon zien, hing een foto van haar. Van haar met die veren dan. En als je dan met het halfje bruin en die hoestpastilles bij haar binnen kwam, kreeg je meteen het hele verhaal te horen. Van hoe mooi ze vroeger was en van hoe ze bij een brand door een hele mooie brandweerman van de vierde etage gered is geworden en dat ze toen met hem getrouwd is en hem zes donderstenen van zonen heeft geschonken die stuk voor stuk het verkeerde pad opgingen, zodat de mooie brandweerman alleen nog maar hoefde uit te rukken om de brandjes van zijn zonen te blussen. Nou ja... en naar het geld van het halfje bruin en de hoestpastilles kon je dan verder fluiten natuurlijk.

En verder had je Micky en Frieda met hun zoontje Raphaël. Een ellendejong, dat door zijn ouders vermaakt moest worden omdat ze hem niet geleerd hadden hoe hij zichzelf moest vermaken. Op het weitje in de buurt hadden ze twee pony's staan. Micky was voddenboer en hij had één pony voor z'n kar gekocht, maar toen dat ellendejong hem 's ochtends met dat beest zag vertrekken begon hij te lamenteren dat hij nou niks meer had om naar te kijken. Toen kocht Micky nog maar een pony en toen hij die voor zijn kar wou spannen begon dat ellendejong weer te jammeren over dat het zo zielig was dat die ene pony nou alleen achterbleef. Nou en toen ging Micky maar zelf voor z'n kar staan. De pony's gingen in de wei en 's avonds gaf hij samen met Frieda een vertoning voor de hele buurt. Dan werd Raphaël op een stoel voor de deur gezet en dan denderden Micky en Frieda door het straatje heen. Dat jong alsmaar jammeren, alleen als z'n ouders langs stormden keek hij even op, maar zodra waren ze voorbij of hij zette z'n mauw-solo weer in. Iedere avond ging dat zo, wéken achtereen. Tot op een dag Frieda d'r pony tegen de stoel kletterde. Een enorm gekrijs van Raphaël, ruzie tussen de ouders en gebemoei van 't hele straatje. De dag daarna werd er één pony verkocht en de andere kwam dan ein-de-lijk voor de kar van Micky te lopen.

En als er iemand doodging en hij werd begraven, dan liep het hele straatje achter de koets aan. En dan na afloop een koffiemaaltijd die helemaal uit de hand liep natuurlijk en als het iemand was zonder naaste familie zoals bij Manusje Puit, dan werd de hele inboedel op straat verkocht onder elkaar en dan kochten we daar een steen van en van de rest een stevige borrel.

Kijk... in dát straatje heb ik nou één jaar gewoond, vlak na de oorlog... en daarna is er eigenlijk nooit meer iets bijzonders gebeurd in mijn leven... niks bijzonders wat ik kan schilderen dan... tenminste, ik kan het me niet her-inneren...'

Destroyers

Het is een zachte morgen. Een morgen waarop ik even moet informeren hoe het park er over denkt. En daarom pak ik een half gesneden bruin uit de trommel in de hoop dat de eendjes mijn stemming zullen begrijpen. Als ik een strategisch punt op het bruggetje heb ingenomen, komt er een meneer bij me staan.

Hij heeft ook een half gesneden bruin bij zich en we kijken elkaar aan als twee meiden die één knul willen versieren. De eerste zet is een daalder waard, dus pak ik een boterham, trek die aan stukjes en smijt die te midden van de eendenschaar. Het brood zuigt zich vol en zakt langzaam naar de bodem. Slechts één eend hapt er naar, maar volgens mij doet hij dat puur uit beleefdheid.

'Ze hebben net gehad,' zegt de meneer, 'ze hebben geen honger, het heeft helemaal geen zin om ze op dit uur te voeren, schei d'r maar rustig mee uit...'

Ik kijk een beetje argwanend naar de zak brood in zijn hand. Hij wil me weg hebben, dat is wel duidelijk ja...

'Van wie hebben ze dan gehad?' vraag ik.

'Van wie? Van wie d'r langs komt natuurlijk... En dan die jongelui van school, die smijten d'r hele twaalfuurtje compleet met ham en kaas in de vijver. Die hadden de oorlog mee moeten maken, dan deden ze zulke dingen niet. Waar heeft u de oorlog gezeten? Ook hier in Den Haag, mevrouw?'

Ik knik. Ja... ook hier in Den Haag.

'Nou, het ergste vond ik de v-eens en v-twees. Dan lag je in bed en dan lag je te luisteren. Zo lang je ze hoorde was er niks aan de hand. Maar dan plotseling hoorde je niks meer en dan wist je, die komt naar beneê... en dan lag je te wachten met je hoofd onder de dekens... lag je te wachten op de klap, weet u nog?'

Ja, ja... ik weet het nog.

'En één keer viel die vlak naast ons neer, op een paar meter afstand van het kerkhof Nieuw Eik en Duinen. Was die dáár nou maar opgevallen, maar nee, midden op een huizenblok, ik weet niet hoeveel doden... ik loop er nog wel langs, Indigostraat... op de plaats van die bomtrechter hebben ze weer een flatgebouw neergezet met een ingemetselde steen ter herinnering... Nou, ik hoef er niet meer aan herinnerd te worden en u?'

Nee... ik ook niet meer...

Hij pakt een boterham en gaat ook eens proberen. Maar de eendjes wachten rustig tot de boel gezonken is. 'Ik sta me gewoon te ergeren, weet u dat,' zegt de meneer, 'aan die kleine dingen zoals dit merk je dat het mis is in onze maatschappij. Die beesten zijn te blasé om te happen en dat komt omdat ze te veel eten krijgen en dat komt weer omdat er te veel mensen zijn... En die gaan dan allemaal naar het park want dat is de enige plek waar je nog een beetje frisse lucht kan krijgen. De hele stad is vergeven van de benzinestank. Bah, wat een maatschappij vindt u niet, je kan niet eens meer fatsoenlijk de eenden voeren... d'r is altijd iemand je vóór geweest... d'r zijn altijd te veel mensen...'

Hij laat de leuning los en doet een paar stappen achteruit zodat hij met zijn rug tegen de andere leuning kan hangen. In die houding verkrummelt hij weer een boterham die hij zonder hoop voor zijn voeten laat vallen. Als een soort troostprijs komen er twee musjes op af, maar dat kan hem alleen nog maar verder ontmoedigen. 'Moet u nou kijken,' zegt hij, 'daar ben ik toch niet voor gekomen hè... twee van die snertmusjes, wat een jatkezen... vooruit...' en hij stampt met zijn voet zodat de musjes wegfladderen, 'vooruit, ga eerst centjes halen bij je moeder...'

Maar de musjes komen zonder centjes terug en hoofdschuddend laat hij ook dat over zich heen gaan.

'En dan dát...' zegt hij en hij wijst op de brugleuning tegenover hem waar in zwarte letters Destroyers staat geschreven, 'toe maar, kalk de boel maar vol... Destroyers... zal wel weer zo'n groep duivels zijn... in de stad heb ik het ook zien staan... overal... op rode muren met witte kalk en op raamkozijnen met zwarte verf... Destroyers... De Vernietigers zijn geweest en hebben hun naam achtergelaten. Waar ze vandaan komen, waar ze naar toe gaan... je moet je er maar niet in verdiepen... ze zijn gewéést, dat is al dreigend genoeg... en het heeft niets meer te maken met "Sjors van de Rebellenclub".'

Inmiddels hebben de musjes hun kameraadjes opgefloten en wordt er wat afgescharreld rond de voet van de meneer. 'Nou, vooruit dan maar,' zegt hij en hij maakt de broodzak open, 'hier... eten jullie het dan maar op... Ik ga naar huis en ik kom morgen meteen om 9 uur, dan weet ik tenminste zeker dat ik m'n brood aan de eendjes kwijt kan...'

Hij sjokt langzaam het bruggetje af, doortrokken van v-eens, benzinestank, Destroyers en 'te laat voor de eendjes'.

De morgen is nog steeds zacht. Hoewel... ik weet het niet... met die Destroyers op de brugleuning heb ik toch het gevoel dat er iets veranderd is.

De Groten der Aarde

Omdat het zulk lekker weer is, ga ik op een bankje zitten in het park. Mijn hond Luna heeft een speelkameraadje gevonden en ik heb in mijn tas nog een brief die ik hier mooi even kan lezen. Maar daar komt niets van, want het speelkameraadje heeft ook nog een baas en díe gaat naast me zitten.

'Wat een rust hier...' zegt hij, 'en dat middenin een grote stad... dat wij hier zómaar van mogen genieten...'

Hij kijkt tevreden voor zich uit. Een tevreden A O W 'er.

'En toch zijn we maar gewone mensen, nietwaar? Heel gewoon... niks geen knappe koppen, zoals die Wernher von Braun bijvoorbeeld... Hebbu wel es van hem gehoord? Van Wernher von Braun?'

Ik kijk hem even verbaasd aan, maar dan haast ik me om 'Ja-ja' te zeggen, want zijn ontboezemingen wil ik niet graag missen.

'Die heeft toch de atoombom uitgevonden, die Wernher von Braun?' gaat hij verder, 'als hij van tevoren geweten had watte ze d'r mee gingen uitspoken, had die het natuurlijk nooit gedaan, want hij is wel een wetenschapsman, maar dat wil niet zeggen dat hij geen gewéten heb... Indertijd hebben ze hem weggekocht van de Duitsers, kon hem niks schelen die Wernher von Braun, onder wíe die werkte... Als hij maar kon prutsen, nou... en die Amerikanen, die konden hem een laboratorium geven van heb-ik-jou-daar... Nou en daar kon hij mooi in vooruit. Hij heb wat uitgevonden, die Wernher, ach, ach, ach... Ja, wat heb je knappe mensen hè... als de wereld het van míj moest hebben, dan zaten we nóu nog in het stenen tijdperk... Maar ja... ieder mens heb zo z'n eigen kwaliteiten hè... we kunnen moeilijk allemaal de atoombom uitvinden en wie weet is die Wernher thuis niet te genieten... Je zal getrouwd zijn met zo'n man... Zal wel een lekkere zenuwelijer zijn. Als je een plaatje wil draaien, dan roept die uit z'n studeerkamer: "Ken het niet wat zachter...?" en vrijdagavond klaverjassen zal er ook wel niet bij zijn... Zo'n vrouw loopt toch ook maar de hele dag met d'r ziel onder haar arm... visite enzo... vergeet het maar, want Wérnher zit iets uit te vinden... ja... dat heb je met die grote mannen... ze hebben een lijfwacht en een kogelvrij vest en ze kenne niet door een draaideur komen of er wordt een foto van ze genomen... Pavarotti bijvoorbeeld, geen hond die hem niet kent, en Gorbatsjov en Freek en president Clinton, ze kenne geen stap doen of het wordt via een satelliet op de teevee uitgezonden. Nou ja, Freek niet natuurlijk, alleen op oudejaarsavond... Hebbu hem wel es gezien, Freek heeft het óók altijd over grote mannen. Hij heb altijd wat op ze aan te merken en dat is maar goed ook, dan weten ze tenminste, dat ze in de gaten worden gehouden... Als er weer wat met een minister gebeurt wat niet door de beugel gaat, dan denk ik meteen: jonge-jonge, kijk uit, Freek let op je... En dat is een hele geruststelling, vindt u niet?... Ja, ík hou ze natuurlijk óók in de gaten, maar ja, wie ben ik... ik praat es met deze of gene op een bankje in het park, maar dat komt niet ver, dat zetten ze toch echt niet in de krant. De GRO- TEN DER AARDE hè... dáár gaat het om... die bepalen het gezicht van deze wereld. Als je van Saturnus híer een blikkie op kon werpen, dan zag je Liz Taylor en d'r nieuwe man, Lady Di en Charles en Lee Towers... en voor de rest wat gescharrel om ze heen, maar verder niks...

Als ík ruzie maak met mijn vrouw, dan zegt hóóguit mijn linkerbuurvrouw tegen mijn rechterbuurvrouw: hè je ze gehoord gisteravond, de vonken sloegen d'r af, 't mag een wonder heten dat ze allebei nog leven... maar als Di en Charles lopen te kissebissen, staat het de volgende dag in alle kranten... Ik bedoel maar... je kan beter niet tot de GROTEN DER AARDE horen, je kan beter maar een beetje gewoon zijn kan je af en toe es op een bankje zitten. Zitten genieten van je hond die zo lekker zit te spelen... Als ik vragen mag, die hond van u, wat is dat er voor één, een kruising zeker, ik heb tenminste nog nooit zo'n nummer gezien...'

'Een kruising,' zeg ik, 'van een herder en een bouvier...'

'En luistert die goed... ik bedoel, als u hem roept, kómt die dan ook, want je hebt van die krengen die hebben daar glad maling aan. Die bassets bijvoorbeeld, u weet wel, met die lange lage lijven, dat zijn van die mormels... je kan roepen wat je wil en dan kijken ze je aan met van die opgemaakte oogies... maar ze hebben toch goed lak aan je... ze vertikken het om te komen... Míjn hond die heb ik goed gedresseerd, want daar begin ik niet aan, me laten koejeneren door een hond... ík ben zijn baas, dat weet die... kijk maar, ik zal hem es roepen... Wér-nhér... Ziet u wel... dáár komt Wernher... zít Wernher... 't is nou mooi geweest, áán de riem, de baas gaat naar huis... dag mevrouw... kom mee Wernher...'

Hij strekt zijn rug, hij strekt zijn nek en hij gooit zijn hoofd fier in de schouders. De kleine miezerige Wernher trippelt met hem mee. Ik zit dan wel niet op Saturnus, maar voor mij is deze man toch één der GROTEN DER AARDE...

Interview

Er wordt driemaal hard gebeld en ik loop paniekerig naar de deur, want driemaal... en dat op zondag... ik vraag me af wie dat zal kunnen zijn. Als ik opendoe, zie ik een monter kereltje staan. 'Dag mevrouw,' zegt hij, 'bent u het zélf...?' Als ik dat enigszins weifelend bevestig – want wie is zichzelf, nietwaar? – legt hij het doel van zijn komst aan mij uit. 'Ik zit al in de zesde,' zegt hij, 'en ik heb op mijn verjaardag een cassetterecorder gekregen, ik heb hem voor de helft zelf betaald hoor, met autowassen enzo... kijk, dìt is mijn cassetterecorder, mooi hè... en nou ga ik een paar mensen interviewen, die ga ik dan iets vragen en dat komt dan op die cassette en dan thuis ga ik dat tikken, want ik heb van mijn vader een ouwe tikmachien gekregen en dan stuur ik het op naar een krant...' Aha – denk ik – ik ben zijn eerste slachtoffer, nou ja... vooruit... kom maar binnen jongeman...

In de gang stelt mijn reporter zich voor: 'Ik heet Marcus,' zegt hij en hij noemt ook zijn achternaam. 'Vroeger ging ik altijd op zondag auto's wassen, maar ja, dan kan je wel aan de gang blijven hè... En wat heb je eraan, je wordt er geen cent wijzer van, of juist alléén maar centen, want op 't laatst wist ik gewoon niet wat ik moest doen met m'n geld en toen zei mijn vader: joh, koop een cassetterecorder, leg ik er wat bij voor je verjaardag, dan ga je wat praten met de mensen en als je dat dan terugdraait thuis, dan weet je tegelijk wat een nonsens er allemaal wordt gezegd...'

O... dat werpt een ander licht op de zaak, dus zeg ik: 'Kom je nou voor allemaal nonsens of wil je een echt interview...?'

Zijn ogen worden rond en groot. 'Een écht interview, mevrouw...' zegt hij, 'want ik ben aan het oefenen... U mag natuurlijk wel nonsens zeggen, als u er ook maar een paar belangrijke dingen bij zegt, zoals: ik weet waar Abraham de mosterd haalt...'

'Lieve help...' zeg ik, 'je denkt toch niet, dat ik dat weet...'

'Nou ja...' zegt Marcus, 'ik bedoel zúlke dingen, want daar heb je wat aan, gewoon geklets daar staat de krant al vol mee, daar hebben ze bij de krant hun eigen mensen voor...'

Die Marcus is een pienter jochie, denk ik, die heeft op zijn twaalfde jaar al aardig door hoe dat zo toe gaat bij een krant.

'Weet u,' zegt hij, 'als u nou hier even bij me komt zitten, want daar zie ik een stopcontact, dan stel ik u de eerste vraag.'

Ik pak een krukje en zet me bij hem neer.

Marcus maakt zijn recorder gevechtsklaar, kijkt me ernstig aan, schraapt zijn keel en begint: 'Hoe oud bent u...'

'Wat is dat nou voor een vraag...' zeg ik, 'zo kan je niet beginnen en zeker niet bij een vrouw, dat is niet aardig...'

'O...' zegt Marcus, 'wacht effe, spoel ik effe terug, vraag ik wat anders... uh... uh...' doet hij nadenkend, maar ineens weet hij wat: 'Is dit een duur huis??'

'Marcus,' zeg ik, 'jij wilt toch een interview hè?'

'Ja, mevrouw...'

'Nou, dan moet je vragen stellen die op mij slaan, op mijn werk en op alles wat ik leuk vind en niet leuk vind, want met een interview wil je erachter komen hoe iemand denkt en hoe hij in elkaar zit.'

'O ja...' zegt hij, 'wacht effe, spoel ik effe terug... zo... daar gaat die weer... uh... uh... Heeft u een auto en hoeveel kilometer rijdt u per jaar?'

Ik zucht, want ik kan hem toch niet wéér tot de orde roepen. 'Ik heb een auto,' zeg ik, 'en ik geloof dat ik er 20.000 km mee rijd, maar je kan beter vragen waaróm ik die auto heb en waar ik er mee naartoe rijd.'

'Ach, dat kan me niks schelen,' zegt hij, 'hoeveel rijdt die auto, ik bedoel één op hoeveel...?'

'Eén op tien, geloof ik, maar dat doet er toch niet toe, dat heeft toch niks met mij te maken, dat is geen interview...'

'Wat moet ik dán vragen...?' zegt hij en hij kijkt me hulpeloos aan, 'ik kan toch moeilijk vragen of u bang bent om dood te gaan?'

'Waarom niet?' zeg ik, want dat is nou net de vraag die ik in elk interview mis.

'Nou,' zegt hij, 'stel je voor dat u "ja" zegt... ík kan u niet helpen hoor,... nee, aan zulke vragen begin ik niet... Weet u wat, vertelt u maar een eind weg over uzelf, zal ik het thuis verder wel allemaal uitzoeken...'

'Nee...' zeg ik pertinent, 'dat doe ik niet, als ík de moeite neem om antwoord te geven, moet jij de moeite nemen om vragen te stellen...'

'Ach, ik heb er helemaal geen zin meer in,' zegt hij en hij flapt zijn cassetterecorder in elkaar, 'dat gezeur ook over die vragen...'

Maar ineens lichten zijn ogen op. 'Die auto van u,' zegt hij, 'is die al gewassen...?'

Ik begrijp waar hij naar toe wil. 'Nee,' zeg ik, 'jij mag hem best wassen, maar dan moet je wel eerst naar huis gaan om een lijstje met vragen samen te stellen...'

'Waarvóór...?' doet hij verbaasd, maar dan begrijpt hij het, 'O... voor dat interview... oh ja, dat is best... weet u, ik laat mijn recorder hier even staan, ik rén naar huis om die vragen te maken en als ú dan alvast een emmer, een spons en een zeem voor me klaar zet, dan was ik eerst uw auto voor een gulden of vijf en dan gaan we daarna een interview maken...'

Kacheltje

Midden in onze leefkamer staat een oud ijzeren kacheltje. Het is van onze Tante Floortje geweest. Ze heeft er nog turf in gebrand en háár moeder – zo vertelt de overlevering – heeft in het schemerdonker van de winterdag de moede voetjes op de uitstekende asla geplaatst. Met de handjes vooruit gestoken heeft ze de warmte in zich opgezogen, want het was toen al een eigenzinnig kacheltje, je moest er ín kruipen om je behaaglijk te voelen. De voorplaat kon je verwijderen, dan werd het een open haardje en dat werd maar al te graag gedaan. Zo graag waarschijnlijk, dat hij nu niet meer te vinden is. In deze onvolledige staat is het kacheltje bij ons gekomen. Niet met de bedoeling om onze handen of voeten te verwarmen, want het huis was al op temperatuur, maar gewoon omdat het kacheltje op ons pad kwam. Tante Floortje ging dood en iemand anders moest zich nu maar over hem ontfermen.

Zoals gezegd kwam hij midden in onze kamer terecht. Tegen een uitspringend muurtje, dat de plaats aangaf waar vroeger een schoorsteen had gestaan. Met een klein beetje goede wil – dachten wij – zouden we het stookgat wel weer terug kunnen vinden. Het tegendeel bleek het geval.

De eerste meneer die ik bereid vond om eens een kijkje te komen nemen, zag de situatie pessimistisch in. 'Als ik in die muur begin te hakken…' zei hij, 'dan zakt de hele rotzooi in elkaar… Hoe komt u eigenlijk aan dat kreng en wat hebt u d'r aan… niks als ellende, zou ik zo zeggen… als je je effe omdraait, dan staat je hele huis in de fik… u kan veel beter dat rottige snertding de straat op gooien…'

De tweede deskundige zag het ook niet zo zitten. Hij noemde zich 'Open-Haarden-Specialist', reed voor in een chique zwarte auto en stond zeker vijf minuten met zijn hand om zijn kin naar het kacheltje te staren.

Ten slotte zei hij: 'Sjonge-sjonge… moeten we dáár nou mee… In mijn hele loopbaan ben ik nog nooit zo'n mal creatuur tegengekomen…'

Daarna begon hij druk met een rolmaat heen en weer te lopen, stond weer stil, staarde en zei: 'Weet u wat u nou eerst doen moet… u moet eerst een vloertje metselen, of u maakt iets met plavuizen of zo. Dan kan dáár dat kacheltje op en dan weet ik gelijk hoe hoog die pijp gaat komen. Nou en dan eh… dan belt u me maar… dan kom ik hè en tegen die tijd nou ja, dan zien we wel weer verder… dag mevrouw…'

Wat je noemt een degelijke afspraak.

Het vloertje is er gekomen, vraag niet hoe, want daar kan ik wel weer een boek over schrijven (met de titel: mijn man, het vloertje en ik), het kacheltje werd erop gezet en de O.H.-specialist werd weer opgetrommeld. 'Helaas…' zei hij, 'helaas belt u mij op een verkeerd moment… want helaas…' zei hij, 'helaas zit ik de komende veertien dagen propvol in verband met een openhaardenshow en ik kan daar geen speld tussen krijgen.' Als ik het niet dacht…

Ik voelde er niets voor om veertien dagen tegen dat kacheltje aan te kijken, – alsof je in een open graf loert – dat ding moest áán, zo gauw mogelijk, of in ieder geval aan kúnnen.

Tijdens mijn pogingen om een derde deskundige ter plaatse te ontbieden, werd de eerste plant voorzichtig op de asla neergezet. Een koningsvaren die erg goed kleurde bij het oude, hier en daar verroeste ijzer.

Eén van mijn dochters kwam ermee aan, omdat ze net als ik nerveus werd van dat gapende gat. Binnen drie dagen stond de hele asla vol. De vreemdsoortigste varens krulden de kachel uit.

Helaas, helaas, een derde deskundige bleek nergens te vinden en na nog eens drie dagen stond ook de kookplaat vol. Met minuscule plantjes, die zich met grijpgrage vingertjes vastklampten aan knoppen, haken, tanden en strippen. En omdat er toch niemand meer kwam om de kachel aan te sluiten, staken we er ten slotte gedroogde bloemen in. Hele kleine roze en schattige witte, grote artisjokken, ruige distels, struikjes lavendel en een vaal bruine zonnebloem. Op de platte pijp plakten we een druipkaars, op het vloertje werden boeken gestort en het gapende gat werd al spoedig bewaarplaats van kranten, tijdschriften, bolletjes wol, flessen cognac en wijn. Na twee weken kon je alles wat zoek was in huis terugvinden in de kachel.

'Waar zijn de vakantiefoto's gebleven?' – 'Oh, in de kachel...' 'Wie heeft de grote schaar gezien?' – 'Ligt in de kachel...' 'Hebben we nog een tramkaart in huis?' – 'Ja, ik geloof in de kachel...'

En toen stond ineens de O.H.-specialist voor ons. De show was afgelopen en nu had hij wel even tijd.

Als ik ooit iemand sprakeloos heb zien staan...

Hij staarde weer met zijn hand om zijn kin van de kachel naar mij en van mij naar de kachel. Ten slotte zei hij: 'Weet u wat u doen moet, mevrouw?... wieltjes eronder zetten en mee laten rijen in een bloemencorso... mijn kop er af, als u dáár geen eerste prijs mee gaat winnen...'

Dat hebben we niet gedaan.

Het kacheltje van Tante Floor staat nog steeds als een praalwagen in ons midden. We kúnnen het niet meer laten aansluiten, omdat we echt niet weten waar we dan naar toe moeten met die rommel die erin zit, erop zit en eronder...

Truc

Het is mijn scharreldag. Dat wil zeggen, dat ik 's morgens om 9 uur de deur achter me dichttrek met een handje tramkaarten in mijn zak en de blik hoopvol op de wereld gevestigd. Als het meeloopt kom ik weer heel wat mensen tegen vandaag, als ik bof beleven we samen een heleboel en als ik geluk heb gaan we daar met elkaar wat op drinken. Het materiaal ligt toch maar mooi op straat. Ik hoef maar te kijken en te luisteren en ik ga met zakken vol naar huis. Even aan mijn pennetje likken en van je hupfaldera klaar is mijn scharrelei. Als ik toch schilder was... wat een doffe ellende... Verfkopen, penselen, doek, een ezel, een atelier en een model dat niet stil kan zitten. En dan lessen nemen van iemand die het beter kan, ook zo deprimerend... Nee, wij schrijvers hebben het stukken gemakkelijker hoor. Wij zitten gewoon een beetje om ons heen te turen en als we niks zien, nou ja, dan hebben we toch altijd onze rotte jeugd nog. Het beroemde goudmijntje voor iedere schrijver. De grootsten hebben boeken vol gekregen over hun moe en over hun va en over hoe datte ze de eerste drie levensjaren zijn doorgekomen. Mijn moe is gewoon veel te goed geweest, dat verwijt ik haar nog steeds. Een flink pak rammel toen ik twee was en een paar keer met de kop onder de kraan en ik had een bestseller kunnen schrijven. En nou moet ik het waarachtig hebben van alle mensen die ik op straat zie lopen. En wat ze vandaag hebben weet ik niet, maar niemand valt of laat wat vallen en niemand wordt door een agent neergeknuppeld zodat ik me daar ook niet druk over kan maken. Ik loop voor gek met mijn tramkaarten in mijn zak, ik ben al drie maal heen en weer geweest met lijn 12 en er is nog geen enkele kleurling beledigd en geen enkele AOW'er op hondse manier niet de tram in geholpen. En wat er allemaal nog méér niet gebeurd is, daar kan ik boekdelen over schrijven. Ik waag er nog één trammetje aan. Lijn 3. Uitstappen op de Groenmarkt en voor het Informatiecentrum op een bankje zitten. Dan maak ik de meeste kans dat ik een argeloze Hagenaar vang die iets wil weten dat ze daar binnen natuurlijk niet weten en die het dan aan mij komt vragen.

Zo, daar zit ik dan, uit m'n humeur, goed in het zicht en in m'n eentje. Maar niet lang want daar komen twee jongetjes aan. De één met een touw om z'n nek dat door de ander wordt vastgehouden. De kleinste heeft natuurlijk het touw om z'n nek.

'Dag mevrouw,' zegt de grootste, 'wilt u een truc van ons kopen, wij doen die dan eerst voor en dan leggen wij hem uit, zodat u hem thuis kan doen en dan krijgen wij van u een kwartje, maar dan is die dus wel helemaal uitgelegd en u kan hem dus thuis doen...'

'Met wie moet ik hem doen?' vraag ik, want ik laat me natuurlijk niet beetnemen.

'Met iedereen as die maar iets kleiner is as u.'

'En wat is dat voor truc?'

'Nou kijk...' zegt de grootste en hij wijst op het scharminkel naast hem, 'ik ken hém kelen voor een kwartje... Ziet u dat touw om z'n nek? Als ik eraan trek schiet de knoop vast en is die dus gekeeld en dat kost een kwartje...'

Als ik even met mijn ogen knipper, verduidelijkt hij meteen: 'Ja, niet écht gekeeld natuurlijk, dat is nou juist de truc... als je dat touw ziet denk je: Jezus-die-wordt-gekeeld, maar dat is nou juist de truc, dat die dus niet gekeeld wordt dus...'

'O…' zeg ik, 'nou, doe het maar voor…'

'Ja… maar hebbu een kwártje…'

Ik zoek in mijn tas en houd een kwartje in mijn geopende hand. De jongetjes wisselen een snelle blik en de
kleinste zet zich schrap.

'Goed opletten,' zegt de grootste, 'want daar gaat die
dan… hópsa… hebbu 't gezien… ik trok dus aan dat
touw en u dacht: Jezus-die-wordt-gekeeld, maar dat ken
niet, kijk maar, doe ik het effe langzaam voor, kijk maar,
dat is geen echte knoop, dat is een lus en die zit dus onder
z'n T-shirt en als ik dus trek schiet die dus los… ha-ha…
mooie truc… kost u een kwartje…'

De grootste strijkt het kwartje op. De kleinste wrijft
zijn nek. Als ze weglopen hoor ik hem zeggen: 'En wanneer mag ik nou eens een keer trekken hè… dat heb je
toch beloofd, dat ik ook es een keer mocht trekken…'

'Ach mán…' zegt de grootste, 'moet je een klap op je
hoofd hebben, jij bent toch kleiner dan ik, hoe ken jij nou
trekken…'

Het scharminkel zwijgt.

Ja-ja… en ik maar denken dat er vandaag niemand
wordt neergeknuppeld.

Laat ik maar gauw in de tram stappen want straks wordt
er nog een kleurling beledigd of een AOW'er op hondse
manier niet in de tram geholpen zonder dat ik erbij ben
geweest.

Wegwezen met je handel

Een mevrouw uit IJmuiden schrijft in een brief naar mij: 'Hoe komt dat nou dat u al die mensen ontmoet en ik niet?'

Nou mevrouw, dat is heel eenvoudig: omdat ik naast ze ga zitten. Ik loop café in en uit en ik bekijk het zaakje eens, zoals u etalages bekijkt op zoek naar iets. En als u denkt: daar zouden ze het wel eens kunnen hebben, gaat u de winkel in. Als ik denk: die meneer daar, die zou wel eens... dan ga ik naast hem zitten. En soms gebeurt er dan wat. Zoals gistermiddag, toen zag ik een meneer van pakweg 65 jaar in een donker hoekje met een stapeltje tijdschriften zitten. Zijn pet lag op tafel, naast een kop soep en dus heb ik mijn tas maar naast zijn pet gezet en mijn kop soep naast zijn kop soep. Eén keer vragen of hij het zout wilde doorgeven en het was voor elkaar, want toen hij dat deed, zag hij dat ik in zijn tijdschrift gluurde en dat vond hij voldoende om opening van zaken te geven.

'Gekocht voor een paar knaken op de boekenmarkt,' zei hij, 'een hele stapel... een ouwe jaargang, kijk es... dat noem ik geen toeval meer hè, precies wat ik zoek... het gaat over de natuur en daar ben ik heel erg in geïnteresseerd. Hier staat alles in wat ik wil weten, ja een heleboel weet ik al natuurlijk, maar dan zo half-half, zoals hierzo, wat daar staat van die fosfaten. Mijn vrouw zegt gister nog tegen me: Waarom staat er toch fosfaatarm op mijn waspoederpak en ik hang d'r dus een heel verhaal op en nou waarachtig zie ik het hier in staan, wacht effe, zal ik het effe voor u opzoeken...'

Hij begon te bladeren, maar kon het niet vinden. 'Zo-

net zag ik het toch,' zei hij, 'misschien in dát tijdschrift…'
Maar ook daarin kon hij het niet vinden en daarom begon
hij maar aan zijn eigen verhaal. 'Kijk hè, sinds de vorige
eeuw worden de fosfaten als kunstmest gebruikt, het
grootste deel van de wereldproductie gaat daar naar toe en
van het deel dat overblijft, daarvan wordt weer het grootste deel voor de waterontharding gebruikt, omdat de
mensen er de pest in hebben dat de kalk neerslaat in hun
dure wasmachines. Kijk je kan ook duiven- of kippenmest
gebruiken, maar ja dat is natuurlijk smerig in je wasma-
chine en daarom stoppen de fabrikanten fosfaten in hun
wasmiddelen. Maar ja, daardoor is het biologisch evenwicht uit zijn evenwicht geraakt, want er kwam dus te
veel fosfaat in het zoete water terecht. In de grond met
kunstmest schijnt dat minder een probleem te zijn, natuurlijk ook wel, maar niet zo erg. Maar in het water krijg
je door die extra fosfaten extra groei van waterplanten en
kroos enzo en daardoor komt er gebrek aan zuurstof in het
water en daardoor krijg je dus dat al die vissen de pijp uit
gaan en dat gaat stinken als de pieten natuurlijk. Dus zeg ik
tegen mijn vrouw: Kijk nou een beetje uit wat je doet
meid, draag je steentje bij en was zo fosfaatarm als je maar
kan. Want jij en ik en wij allemaal zijn toch wel verant-
woordelijk voor wat we van Onze Lieve Heer in
bruikleen hebben gekregen. Want het is toch niet normaal
hè, wat wij hier op dit aardbolletje allemaal doen. Want
kijk nou eens wat we met onze vogels uithalen. In de landen rond de Middellandse Zee worden ieder jaar miljoe-
nen vogels gedood. Alleen in Italië al 200 miljoen en die
worden dan geroosterd aan een spit en opgegeten. En de
landbouwgiften en het voedselgebrek en te weinig broed-
plaatsen overal, dat doet er ook nog eens een schepje bo-

venop en zo komen we tot een massale moord op onze vogels. Want wij denken niet na, hè… we maken maar kapot: de roofvogels, de trekvogels, de walvissen en vergeet de Fransen niet… die smijten maar zout in het water. En dat pikken wij gewoon, terwijl wij hadden moeten zeggen: "O ja… gooi jij zout in het water? Dan gaat er van nu af aan geen enkele toerist naar Frankrijk toe…" En dan die tropische regenwouden… met welk recht kappen wij het schoonste dat Onze Lieve Heer geschapen heeft zomaar van de aardbol weg? En al die dieren die er wonen, van de kleinste miertjes en spookdiertjes en apies en boomkikkertjes tot bullebakken van tijgers toe… En wij dat allemaal maar omhakken en wegjagen… Wist u dat die boel daar vernield wordt in een tempo van 6 hectare per minuut? Moet je nagaan, 6 hectare daar loopt een normaal mens in een klein half uur omheen en dat wordt dus per minuut door de mensheid kapot gehakt. Leuk rekensommetje voor een alternatief rekenboekje: Toerist A gaat met Toerist B naar regenwoud C. In hoeveel minuten kenne ze 600 hectare regenwoud vernielen als gegeven is dat Toerist A tweemaal zo snel ken vernielen als Toerist B en dat die laatste 2 bomen in een uur omhakt en dat er gemiddeld 1 boom op de vierkante meter staat. En de volgende som wordt dan vanzelf: Reken uit hoeveel beesten er nu "te veel" zijn, omdat er geen bomen meer staan. Ja, ik zeg niet zomaar toerist, dat zeg ik met een bedoeling, want het zijn natuurlijk niet alleen maar de Italianen die vogeltjes vangen en de Fransen die zout in het water gooien, nee, vlak de toeristen niet uit met hun wildparken waar de verkeersdichtheid al zo groot is geworden, dat niet alleen het wild, maar ook de toerist gefrustreerd begint te raken. Door een leger voertuigen worden de dieren ingesloten om gefotografeerd te worden en dan geven ze ineens een dot gas om die beesten te laten schrikken zodat ze bang kunnen weghollen en dat is leuk omdat je daar zulke leuke fotootjes van kan maken. Nou maar daar gaan we last mee krijgen hoor. Ik zeg wel eens tegen mijn vrouw: Als wij nou van ons huis een kamer zouden verhuren en we maken de boel knap voor elkaar, nieuw verfje, nieuw behangetje, nou en dan trekt daar dus iemand in, die successievelijk de boel aan diggelen gaat slaan. Eerst trekt die de gordijnen omlaag, dan scheurt hij het behang er af en op het laatst gaat hij de vloerbedekking aan repies snijden. Dan zeggen wij toch ook: "Hé jongen, wat doe je nou, je verpest mijn hele kamer, wegwezen jij met je handel…" Maar wat wij met het kamertje van Onze Lieve Heer doen is natuurlijk precies hetzelfde. Vogeltjes uit de lucht, bosjes weg, emmertjes rotzooi in het water… Ik zweer je dat Onze Lieve Heer dat niet pikt hoor en dat hij vandaag of morgen komt vertellen: Hé jongens, ik zeg jullie de huur op, met ingang van het jaar 2000 is het wegwezen met je handel…'

Klusjes

Altijd en eeuwig is er bij ons iets kapot. Altijd en eeuwig zijn er van die dingetjes in huis die gerepareerd moeten worden. Een waslijn die met duizend knopen aan elkaar hangt tot hij met was en al op de grond stort – ramen die niet open kunnen – weer andere die niet dicht kunnen – een rotanstoeltje dat begint te rafelen – tochtstrippen die er bij bungelen – een kraan die lekt en ga maar door en hou maar op. Als het ene gemaakt is, gaat het andere net stuk… om moedeloos van te worden…

Soms zie ik in de krant een advertentie staan van een klusjesman, 'die alles bij u thuis repareert'… en dan zucht ik, want ik ben al jaren op zoek naar zo iemand. Alleen durf ik niet te vragen of hij bij ons komt, want ik weet zeker dat hij dan nooit meer weggaat. We zouden hem niet meer kunnen missen, want de boel gaat sneller stuk dan hij ooit goed kan maken en vóór de drie weken om zijn heet hij Oom Jacob en staat zijn bed bij ons. Daarom laat ik het maar zo. Daarom breek ik gewoon mijn nek over alle dingen in de gang en op de trap die eigenlijk opgeborgen hadden moeten worden in kastjes die we eigenlijk hadden moeten maken. En voor de rest gooi ik af en toe iets weg – dat lucht ook lekker op – en dan hebben we altijd onze pianostemmer nog.

Onze pianostemmer is een hoofdstuk apart. Hij is heel waardig en heel oud, net als onze piano, maar dan minder vals natuurlijk. Hij heeft ons meermalen uit de brand geholpen. Uiteraard komt hij bij ons om te stemmen, maar als hij dan toch in huis is, nou ja… dan kijkt hij wel eens rond. En zo zag hij op een dag ook onze buitendeur. Gewoon een buitendeur, zou je zo zeggen. Maar owee als je hem dicht wilde doen. Dat ging eenvoudig niet. Tenzij je hem optilde en er tegelijkertijd tegenaan ging hangen.

Zo was het al toen we jaren geleden in ons huis kwamen. In het begin had mijn echtgenoot zoveel te timmeren en te verven dat hij voor die deur geen tijd had. Want, zei hij, daar moest hij op z'n minst een snipperdag voor opnemen. Hij moest hem vanonder bijschaven, want daar klemde hij, van boven moesten er latten tegen, want daar kierde hij, het slot moest eruit, want dat was ontzet en de scharnieren moesten worden vervangen, want die waren verroest. 't Was wat je noemt een hele klus. En daarom tilden we die deur nog maar een tijdje op en gingen we er tegenaan hangen en ten slotte lieten we hem gewoon openstaan. Tochtdeur dicht en klaar is Kees.

Jaren heeft die deur opengestaan. 's Ochtends ging hij open en 's avonds ging hij dicht... en voor de rest was het: voetjes-vegen-kom-maar-binnen-met-je-knecht. Tegen iedereen die vroeg wat er met die deur aan de hand was, hielden we hetzelfde verhaal: 'bijschaven – latten ertegen – slot er uit – scharnieren vervangen...'

Soms stelde ik mijn echtgenoot voor om dan in vredesnaam maar een nieuwe deur te nemen. maar dan zei hij: 'Waarom...? ...Die deur mankeert niks, ik moet hem alleen maar bijschaven – latten ertegen – slot er uit – scharnieren vervangen...'

Tot op een goeie dag onze waardige en oude pianostemmer weer kwam... Als vanouds sloopte hij de piano. Hij draaide hier en tikte daar, verving een mottig stukje vilt en haalde uit zijn tas een eigeel zalfje waarmee hij de snaren in ging smeren. Daarna begon hij met een triest gezicht te improviseren. Halsstarrig rees zijn ellende steeds

175

een octaafje hoger tot hij ten slotte het leven wat rooskleu-
riger inzag en via tieng-tieng-tieng overstapte op vrolijke
loopjes, walsen en marsen. Als vanzelf liep ik wat sneller
door het huis en maakte ik af en toe een draaitje en een
pasje. Toen de muziek uiteindelijk ophield en ik mijn
hoofd om de kamerdeur stak, zag ik onze pianostemmer
languit op de grond vóór de piano liggen. Ik dacht waarachtig dat hij er een nieuwe uitlaat onder zette.

Maar nee, hij wriemelde alleen maar aan de pedalen.
Ten slotte stond hij ónder de hondenharen op – ja, wat wil
je, met een hond in de rui – liep met zijn tas naar de gang,
pakte jas en hoed en wilde vertrekken. Doch toen viel zijn
oog op de open voordeur. 'Uw deur staat altijd open,' zei
hij, 'u weet toch wel dat dat gevaarlijk is?'

'Ach ja...' zei ik en ik kwam op de proppen met: bijschaven – latten ertegen – slot er uit – scharnieren vervangen...

Onze pianostemmer vertrok geen spier. Hij haalde
kalmweg het eigele zalfje uit zijn tas, besmeerde daarmee
slot en scharnieren, lichtte beleefd zijn zwarte hoed... EN
TROK DE DEUR ACHTER ZICH DICHT...

De man uit Ierland

'U denkt natuurlijk, díe man komt uit Ierland… ja, ja…
ik zie u denken… die rooie kop, denkt u en die rooie
sproetjes… de meeste mensen denken dat… díe man
komt uit Ierland, denken ze…'

Ik zit in de koffiebar van Vroom en Dreesmann, met
een glas appelsap en een broodje kaas en de volbloed Ier
naast me op de kruk zet zijn tanden in een milkshake met
een rietje. Ik kijk hem maar eens grondig aan en waarachtig, James Joyce is er niks bij.

'Ik kom net van de rechtbank,' gaat hij door, 'ik moest
dus voorkomen vanwege dat ik al een paar keer moest
blazen en het procentaasj niet klopte, wat me al aardig wat
meiers gekost heeft en de laatste keer zat het er in datte er
klappen gingen vallen. Die rechter, dat was zo'n uitgeleef-
de man, die had van mijn daar zo'n boekie liggen, waarin
die zo af en toe ging zitten bladeren en die zegt ineens
tegen mij: "Tja… het is dan eindelijk zover hè… U krijgt
een jaar ontzegging van uw rijbevoegdheid met een half-
jaar voorwaardelijk en dan nog 500 gulden boete…" Ik
denk, daar ga je dan… want ik kan mijn wagen helemaal
niet missen hè, zonder mijn wagen ben ik niks en mijn
vrouw ook niet want we gaan dus éénmaal in de week
naar de markt om voor de hele week in te slaan en dan met
het weekend naar de caravan met de jongens, want op
straat spelen kunnen ze ook al niet en mijn vrouw is niet te
genieten als mijn wagen in onmacht leg. Dus denk ik: effe
slim zijn en m'n babbel maken… Enfin, ik zeg dus tegen
de rechter, "meneer de rechter," zeg ik, "het kan best wezen dat u meer weet dan ik, maar ik weet in ieder geval dat

ík niet zonder die wagen kan. U kan me beter zes maanden laten opsluiten, dan hebt u nog kans dat ik een goeie invloed heb op m'n medezitters en laat u dat voorwaardelijk dan maar effe vallen, want als ik zes maanden zit heb ik ook niet dat gemeier van m'n vrouw aan m'n kop, want dat is echt niet te harden zeg ik u. Ik doe u dus een tegenvoorstel: zes maanden zitten en geen voorwaardelijk en geen boete uiteraard, daar praten we niet meer over... Nou, wat vindt u van m'n voorstel... redelijk, vindt u niet?" Nou, die rechter met z'n uitgelezen smoelwerk kijkt even over z'n brilletje heen en zegt tegen mijn: "U zit hier niet om tegenvoorstellen te doen, u zit hier om uw vonnis aan te horen..."

Ik zeg: "Wat gaan we nou krijgen, kom es mee naar buiten jij..." ja, want ik zit daar tegenover drie kerels, recht tegenover mij de rechter – daarom heet die ook rechter omdat die recht tegenover mij zit dus – en links van de rechter de aanklager, die dus eerst heeft voorgelezen wat ik allemaal heb uitgevreten en wat voor straf hij dienovereenkomstig daarvoor eist... nou en dan rechts naast de rechter de griffier die zich het apelazerus schrijft om de boel voor vijven af te krijgen... en dan heb je ook nog de portier, van wie ik eerst dacht dat die de rechter was omdat die het mooiste pakkie aanhad. Enfin, ik zeg dus: "Wat gaan we nou krijgen met: ik zit hier niet om tegenvoorstellen te doen... woon ik in een democratisch land of niet... als we op die toer gaan, dan loop ik rinusrektus naar Lubbers of naar die andere katjanus Brinkman, of er gaat van mijn rinusrektus een brief naar de Koningin met het verzoek om mijn zo spoedig mogelijk gratie te verlenen en dan is de zaak zo bekeken, want dat is zó'n wijf, zeg mijn niks van de Koningin, want die zal mij niet laten vallen."

178

Die rechter kijkt mij aan en gaat weer in dat boekie zitten blaren. "Waar heeft u uw auto voor nodig?" vraagt hij aan mij.

"Ja, wat denkt u," zeg ik, "voor mijn werk, ik zit in de bouw in Culemborg en ik begin niks zonder vervoer, want ik rij ook nog op en neer met een paar maats van me..."

"Zo," zegt die rechter, "nou, dan zou ik het vonnis kunnen veranderen in ontzegging van de rijbevoegdheid voor zes weken en 3000 gulden boete." Ja, of weet ik veel, zoiets was het dan.

Maar dan begint die aanklager inene stampij te maken, hij is het er niet mee eens, vindt ontzegging van de rijbevoegdheid voor een jaar rechtvaardig, wil eventueel die 500 gulden kwijtschelden en die griffier staat zich weer rot te pezen om het bij te houden. Enfin, ik razend op die aanklager, ik zeg: "Man bemoei je d'r nou es effe niet mee, dit is een zaak tussen de rechter en mijn, één tegen één, dát is democratisch..." Enfin, eind van het liedje: ik moet m'n mond dicht houden, die rechter laat zich omkletsen door die klaagpik naast 'em en hij komt met een vonnis voor de dag dat nergens op slaat: Zes maanden ontzegging van de rijbevoegdheid, drie maanden voorwaardelijk en dan nog een boete van 3000 gulden... Enfin, ik laat alle vonnissen nog effe door me heen gaan en uiteindelijk zeg ik: "Moet je es goed luisteren meneer de rechter, wat heb ik daar nou aan, als ik 3000 gulden moet betalen dan moet ik m'n auto toch verkopen, nee... geef mij dan dat eerste vonnis maar, van één jaar ontzegging en zes maanden voorwaardelijk en laten we die boete dan maar effe vergeten, want 500 gulden, dat is toch een treiterboete ook..." Enfin, hij kijkt me weer aan over z'n brilletje en

179

hij zegt: "Het is geen keuzepakket, meneer u zit niet op de havo… u krijgt een ontzegging van de rijbevoegdheid voor zes maanden, drie maanden voorwaardelijk en 3000 gulden boete en daarmee is deze zaak afgedaan." Ja, of zoiets dergelijks, weet ik veel, enfin, ik sta op, zwaar de pest in en ik loop naar de portier, geef hem een geeltje en ik zeg: "Kan jij dat stelletje niet es op andere gedachten brengen?" Enfin, die portier stopt wel dat geeltje in z'n zak, maar zegt dan met een stalen gezicht: "Dat is hier niet zo de gang van zaken…"

Nou ja, laat maar zitten de heleboel, heb ik nou een vrije dag voor opgenomen, ik kan niet eens naar huis, want dan krijg ik van mijn vrouw weer wat te horen. Zo, m'n milkshake is op en ik zal er nog maar es eentje be-stellen. Hé zus,' roept hij naar de serveerster, 'geef mij nog es een milkshake enne doe maar kalm aan hoor meid, want we hebben helemaal geen haast.'

Goeiedag…

Een jaar of wat geleden zag ik met mijn kinderen de film 'De Tien Geboden'. Een spektakel waarvan vooral mijn jongste dochter erg onder de indruk was. De wonderen vlogen dan ook de pan uit.

Ik herinner me dat recht achter mij een Papa zat met aan zijn zijde een klein jongetje. Het jongetje viel van de ene verbazing in de andere. Telkens als hij op het doek iets zag gebeuren dat hem letterlijk de adem benam, sloeg hij hard met zijn hand op zijn knie. Daarna haalde hij zuigend adem om die even later sissend te laten ontsnappen.

Het klap–zuig–sisconcert eiste in het begin zoveel van mijn aandacht op dat ik pas later in de gaten kreeg dat ook Papa een hoogst merkwaardige reactie op het filmgebeuren vertoonde.

Nadat Papa had kunnen aanschouwen hoe de staf van Mozes voor de voeten van de Farao in een slang veranderde, sloeg hij ferm met gebalde vuist tegen de rugleuning van mijn stoel zodat ik mij het apezuur schrok en mijn muts, tas en zakje Engels drop op de grond liet vallen. De grootste schok kreeg ik echter toen ik achter me luid: 'Goe-ie-dág…' hoorde roepen. Een 'goe-ie-dág' dat niet bedoeld was als groet, maar langzaam uitgesproken en met klemtoon op 'dag', de opperste verwondering liet blijken. Vanaf dat moment ging de film nagenoeg aan mij voorbij. Het achtergebeuren vond ik beslist boeiender.

Voor de tweede maal werd ik door mijn achterbuur begroet toen Mozes met zijn staf op het water van de Nijl sloeg, waardoor dit veranderde in bloed. Ik kreeg weer een fikse slag in de rug, maar ik was daarop bedacht en ging

181

al iets naar voren zitten. Ik liet het 'goe-ie-dág' met pal daarop het klap-zuig-sisconcert lijdelijk over mij heen gaan.

De wonderen volgden elkaar op, evenals de slagen in mijn rug, de verbaasde begroetingen en de reutemeteut die het jongetje uitkraamde.

Ik begrijp nog niet dat ik me ten slotte niet omgedraaid heb om vader en zoon tot de orde te roepen. Maar misschien komt dat door die verbijsterende combinatie van het ongrijpbare wonder en het aardse 'goe-ie-dág'. Op uitdrukkelijk verzoek van mijn jongste dochter ben ik de daaropvolgende week nogmaals met haar naar 'De Tien Geboden' gegaan. Deze keer namen we zeer bewust de laatste rij.

Punt. Afgelopen. Een voorvalletje, meer niet. Waarschijnlijk zou ik er ook nooit meer aan gedacht hebben als mij vanmorgen niet een soortgelijk iets was overkomen. Ik moest nogal vroeg met mijn fietsje de deur uit. Maar wat bleek: de stoep was opgebroken en men had een loopplank naar onze huisdeur gelegd. Omdat aan te nemen is dat iemand met zijn gezicht naar voren zijn huis verlaat, had niemand de moeite genomen om ons op de plank opmerkzaam te maken. De plank was 30 cm breed en lag over een langgerekte kuil van zeker anderhalve meter diep. Mijn fietsje stond achterstevoren in de gang en ík wist van de prins geen kwaad.

Eigenlijk zou ik hier mijn verhaal moeten eindigen en in het midden moeten laten of ik wel dan niet, met of zonder fiets, in de kuil ben gevallen. Maar ik ben bang dat iedereen mij dan gaat opbellen om naar de afloop te vragen. Dus ga ik door.

Mijn fietsje stond dus achterstevoren in de gang. Ik

opende de huisdeur, hield met mijn linkerhand het stuur vast, met mijn rechter de bagagedrager en liep dus achterstevoren SNEL het huis uit. PRECIES OVER DE PLANK. Recht achteruit. Eén stap naar links of naar rechts en ik was in de kuil gevallen en dan had ik waarschijnlijk nu met een gebroken been in een katrol gehangen.

Maar nee hoor... ik ging keurig recht achteruit. En toen ik de andere zijde van de kuil bereikt had, staarde ik sprakeloos en lamgeslagen in een diepte van anderhalve meter.

Uit die diepte kwam langzaam een hoofd omhoog. Een hoofd met een groen petje. De man die daarbij hoorde, duwde het petje langzaam naar achter en kon niet verhinderen dat zijn mond openzakte. Terwijl hij mij aanstaarde, knipperde hij met zijn ogen alsof ik de vleesgeworden zon was.

Nadat wij enkele seconden zwijgend en starend naar elkaar hadden doorgebracht, was hij het die als eerste het woord kon vinden dat blijkbaar in zulke situaties het meest toepasselijk is. 'Goe-ie-dág...' zei hij. Langzaam uitgesproken en met de klemtoon op 'dag'.

Ik stapte op mijn fietsje en zag, dat hij me hangend over de rand van de kuil nakeek. Hij krabde onder zijn pet en riep: 'Dat had maar een haar gescheeld zus, of je was er in gedonderd...' En ineens moest ik denken aan het water van de Schelfzee dat opzij week toen Mozes er met zijn volk doorheen trok. Ik moest denken aan de Papa achter mij, die dit wonder op zijn manier beleefde. Ik voelde weer de klap in mijn rug, hoorde het 'goe-ie-dág' gevolgd door het klap-zuig-sisconcert.

Op mijn fietsje draaide ik mij om naar de man in de kuil en lachte hem toe. 'Oók goeiedag...' zei ik. Maar ditmaal was het een echte groet die hij beantwoordde door zijn pet in de lucht te gooien.

Aarde voor de tuin

Er wordt gebeld door een meneer die er kennelijk rekening mee houdt dat ik niet opendoe. Want hij staat al in
het tuintje van de buren en kijkt verbaasd als ik mijn hoofd
naar buiten steek. 'Ik heb aarde voor de tuin,' zegt hij,
'maar dat heeft u niet nodig zeker hè... zeker geen aarde
voor de tuin...'

Toevallig heb ik juist aarde voor de tuin nodig, dus zeg
ik: 'Jawél... wél aarde voor de tuin...' De man staat per-
plex. 'Wél aarde voor de tuin?' zegt hij, 'O... nou ja
goed... het kan wel, daar niet van, maar ik dacht: zeker
niet hè... zeker geen aarde voor de tuin...'

Hij komt naar me toe en gaat verveeld tegen de deurpost leunen. Niet direct iemand die aan zijn image werkt.
'De hele zaak is,' zegt hij, 'ik doe dit eigenlijk niet alleen
hè, meestal zijn we met z'n twee, maar m'n maat is door
z'n rug gegaan en m'n zoon die me altijd helpt als m'n
maat door z'n rug is, die kan vandaag ook niet, want die
heeft gister een duinloop gehad van 15 km en die is daar
vroegtijdig mee gekapt vanwege zijn enkel waarmee die
dus nu ingezwachteld op het dakterras zit... Hebbu effe
tijd of staat u te springen?'

'Nee,' zeg ik en ik ga tegen de andere deurpost hangen,
'ik sta niet te springen hoor...'

'O...' zegt hij en ik kan duidelijk zien dat hij mij niet
kan plaatsen in onze tijd-is-geld-maatschappij. 'O... nou
ja... meeste mensen zeggen gewoon "nee" aan de deur en
dan ga je dus verder hè... maar ja... als u de tijd hebt...
Wilt u ook een sigaretje mevrouw?'

Nee, want ik rook niet, maar omdat er toch een paar

stoeltjes in de voortuin staan nodig ik hem uit te gaan zitten.

'Kijk, mijn zoon hè,' zegt de meneer, 'dat is eigenlijk een probleem… goeie jongen, slim, goed verstand, altijd goed kunnen leren… maar ja, lang ergens blijven dat kan die niet. Heeft van alles gedaan, flessen gebotteld, schoenen verkocht, altijd een handeltje ergens in, tijdje antiek gedaan, nog een blauwe maandag een schriftelijke cursus, zijn groot-rijbewijs gehaald en met trucks naar het buitenland… enfin, avontuurlijk genoeg, maar evenzogoed zegt hij op een dag tegen mij: "Vader, ik denk dat ik wat meer vastigheid ga zoeken. Ik denk dat ik ga solliciteren bij de Overheid." Dat is dan uiteindelijk iets anders geworden, een verzekeringsmaatschappij, maar goed, het is toch vastigheid en ze hebben hem aangenomen. Ik denk: gelukkig, die heeft dan eindelijk zijn bestemming gevonden, want het blijft een zorg natuurlijk, een zoon van over de dertig die maar zwalkt en geen rust kan vinden. Mijn drie dochters zijn allemaal goed getrouwd, eigen huis, kindertjes, maar die jongen, daar bleef ik 's nachts toch van wakker liggen. Eerst leek het allemaal goed te gaan. Net pak aan, fatsoenlijk autootje, kocht een etage met bumafoon en dakterras, is een lang-weekend naar Londen gegaan, daar een meisje ontmoet, leuk ding, beetje jong maar toch een leuk ding. Hollands meisje, ging die mee samenwonen, ik zeg al: eerst leek het allemaal goed te gaan. Maar ja, ik zag het gebeuren hè… dat regelmatige leven was helemaal niks voor hem. Brieven schrijven moest hij, niet dat hij dat niet kon want hij kan alles, goochem zat… maar brieven schrijven van 's ochtends tot 's avonds daar werd die helemaal onrustig van. Zo van wij hè… niet van ik, maar van wij. Wij delen u mede en wij hebben ontvangen en wij hebben opdracht gegeven...

Nou, dat heeft die een paar maandjes gedaan en dan gingen die brieven eerst naar zijn chef en die moest ze dan tekenen en dan gingen ze verder door naar de postkamer zeker. En op het laatst was hij dat wij spuugzat. Hij kon het niet meer hebben hè, mijn zoon, dat hij geen eigen zeggie had. En toen heeft die op een dag zomaar uit z'n eigen een brief geschreven met ik er in. Ik heb uw brief ontvangen en ik vind dat ik u best 500 gulden kan uitbetalen, want u hebt behoorlijk pech gehad en ik hoop dat u daar een leuk nieuw fietsje voor kan kopen en van het geld dat u over heb gaat u maar es lekker naar de Chinees. Hartelijke groeten, ook aan uw vrouw, van Piet, want zo heet die... En niks niet door z'n chef laten tekenen, nee, zo hup eigen postzegeltje er op en zelf op de brievenbus gedaan. Nou... en vanaf dat moment is de hele boel misgelopen... Hij weer bij zijn chef geroepen van dat dat zo niet kon en dat die maar een eigen verzekeringsmaatschappijtje moest beginnen en toen had die er op slag geen aardigheid meer in. "Vader," zei hij, "laat mij maar weer gewoon helpen met de aarde voor de tuin."

Ik zeg: "Jongen, je vástigheid..." maar nee, hij bleef weg van z'n werk en uiteindelijk ontslagen natuurlijk en met dat meisje liep het ook spaak, dat krijg je dan... Af en toe kwam hij mij helpen, maar voor de rest deed die niks en verleden week zei ik: Ik heb in de krant zien staan dat er een duinloop is, maak je zelf nou es actief en loop es mee... Enfin, de afloop kent u... komende weken ligt die weer ingezwachteld op z'n dakterras... Jammer... ja–ja... en als vader doe je er niets aan... Je piekert je suf: Waar is het met die jongen fout gegaan. Soms denk ik: Als ze hem nou gewoon dat briefje hadden laten schrijven met ik en

187

niet met wij, als ze hem dat nou gegund hadden hè... Ach weet u wat het is mevrouw, eigenlijk weet ik precies wat er aan de hand is met die jongen. Want ik ben ik van de aarde voor de tuin. Ik ben iemand, ik ben ik, de ik van de aarde voor de tuin. En wat is hij? Hij is wij. Hij is de wij van de verzekeringsmaatschappij. HIJ mag nog niet eens z'n eigen naam onder z'n brieven zetten. Want hij is helemaal niemand. En daarom laat die zich nou verwaaien op z'n dakterras...'

Nachtapotheek

Met een recept, waarop de nachtdokter enige krasjes heeft gezet, arriveer ik bij de nachtapotheek. Die nachtdokter is een probleem op zichzelf. Hij kwam aanhijgen, riep in de voordeur al: Waar is de patiënt? stierde met grote stappen verder en straalde tijdens zijn kostbare vijf minuten in ons huis zoveel haast uit, dat hij mij de opmerking ontlokte: Als u soms via de achtertuin over de schutting weg wilt gaan, bent u wat vlugger op straat. Maar dat dus terzijde, want het gaat om de nachtapotheek.

Ik kom daar aan en mag in het voorportaal wachten met nog enkele anderen. Het contact met de apotheek wordt onderhouden via een soort wc-raampje waar af en toe een gezicht voor verschijnt. 'Wie is er aan de beurt?' vraagt dat gezicht en als het mijn tijd is antwoord ik netjes: 'Ik mevrouw.'

Het recept wordt aangenomen en veroorzaakt ontreddering in de apotheek. Want wát staat er nou? De gehele bemanning wordt bijeen geroepen en men doet links en rechts een gok. Ten slotte komt men er uit, alleen de juiste dosering blijft nog een vraagteken. Dan moet de nachtdokter maar worden opgepiept. De apothekeres verzoekt mij om op het bankje plaats te nemen in afwachting van het gunstige resultaat. En daar zit ik dus, in het inmiddels volgestroomde voorportaal. Tegen een deur leunt een man die vol blijkt te zitten met gratis adviezen en waarschijnlijk ook met geestrijk vocht, want hij valt voortdurend van zijn voetstuk af. 'Kiespijn,' zegt hij, 'daar heb ik een goed middel voor. Broodpap. Oud witbrood en melk koken in een pannetje, roeren anders brandt het aan en dan in een theedoek doen. Even laten hangen, dan loopt de melk er uit en dan in de doek knijpen tot het een plak wordt en dan zó op je wang leggen. Zo warm mogelijk, denk eraan. Gewoon in bed gaan liggen met die plak op je wang. Wondermiddel. Kiespijn weg. Wondermiddel…'

De meneer die aan de beurt is roept door het wc-raampje: 'Ja maar ik ben allergisch voor die medicijnen, ik krijg er uitslag van…'

'Dan moet u zich met uw dokter in verbinding stellen voor andere medicijnen,' zegt het gezicht.

'Niet doen, niet doen,' roept de gratis adviseur, 'ik heb daar een heel goed middel voor. Voor alle mensen die allergisch zijn voor katten. Let op… ik heb een middel… azijn… een scheut azijn in je handen en dan over de plek wrijven die jeukt of rood is. Een huis-, tuin- en keukenmiddel. Een wondermiddel, afdoende voor mensen die allergisch zijn voor katten…'

'Meneer,' zegt het gezicht, 'u hebt uw medicijnen toch, gaat u dan naar huis.'

'Dat zou je wel willen,' roept de gratis adviseur, 'maar ik blijf hier, want ik heb een heleboel middeltjes waarmee ik een heleboel mensen een heleboel kan helpen. Oorpijn, wie heeft er oorpijn? Moet je broodpap nemen. Oud witbrood in melk laten koken in een pannetje. Goed roeren, in een theedoek, knijpen en pffft… alle melk er uit… plak… op je oor… in bed… weg oorpijn… wondermiddel…'

'Meneer, wilt u weggaan, u moet het zelf weten, ik heb de politie opgebeld…' zegt het gezicht.

'En weet je waarom je oudwit moet nemen en geen bruin? Omdat bruin korrelt en oudwit wordt een pap…

een plak... een papplak... een plakpap...'

'Kom maar, u gaat naar huis,' zegt een meneer, die de adviseur voorzichtig naar de deur leidt.

'Angina... broodpap op je keel leggen... in bed... weg angina... wondermiddel.' Hij is nu bijna door de deur, maar dan ontstaan er moeilijkheden. Hij draait zich om en gaat een toespraak houden. 'Broodpap, hét wondermiddel, wég met al het vergif, mensen laat je niet vergiftigen, broodpap, alleen maar broodpap kan je helpen...'

Met één duwtje is hij dan toch de deur uit. Op straat horen we hem nog roepen: 'Broodpap, hét wondermiddel tegen alle kwalen, laat je niet vergiftigen mensen...'

In het portaaltje is het stil. We kijken elkaar een beetje droevig aan. Het gezicht komt weer voor het wc-raampje. 'Keuls,' roept het gezicht en ik sta van mijn bankje op. 'We hebben het nog even aan de dokter gevraagd, de dosering is vijfmaal daags één capsule en om hinderlijke bijwerkingen te voorkomen moeten deze pilletjes erbij geslikt worden, twee 's ochtends en tien 's avonds en denkt u er aan, de hele kuur afmaken...'

Ik krijg de rekening en betaal. Even later sta ik vertwijfeld op straat met in mijn handen de medicijnen van de haastige nachtdokter. Een paar passen van mij af, tegen de pui van een herenmodezaak, leunt de gratis adviseur. Hij roept met de bezetenheid van de profeet: 'Vergif, vergif, mensen laat je niet vergiftigen... ik heb het middel tegen alle kwalen, broodpap, oud witbrood in melk koken, in een theedoek, knijpen, pffft...plak... pap... plak...'

Ik zucht. De medicijnen wegen zwaar in mijn hand. Ik denk, dat ik toch maar eerst die broodpap ga proberen... Er zal wel veel tegen in te brengen zijn, maar het is tenminste het advies van iemand die nog ergens in gelooft en die de tijd heeft...

191

Werken van Yvonne Keuls

1962 *Niemand de deur uit: klucht in* 6 taferelen (toneel), Maestro, Amsterdam

1965 *Kleine muizen* (toneel), Haagsche Comedie

1965 *Foei toch, Frances* (toneel)

1965 *Niemand de deur uit* (toneel)

1966 *Kleine muizen* (televisie), NCRV

1967 *Onbegonnen werk* (televisie), NCRV

1968 *Vertel me iets nieuws over de regenwormen* (televisie), NCRV

1968 *Thee voor belabberden* (toneel)

1968 *Kattenstad* (toneel)

1968 *Strategisch goed* (toneel)

1968 *De spullen van de Turkse staat* (toneel), Haagsche Comedie

1969 *De toestand bij ons thuis* (proza), Ad Donker, Rotterdam

1969 *De boeken der kleine zielen*, naar de gelijknamige roman van Louis Couperus (televisie), NCRV

1970 *Stippen* (toneel), Haagsche Comedie

1970 *Over lijken* (toneel), Haagsche Comedie

1970 *Jam* (toneel), Haagsche Comedie

1973 *Thee voor belabberden* (toneel), De Toneelcentrale, Bussum

1975 *Groetjes van huis tot huis* (proza), Leopold, Den Haag

1975 *De koperen tuin*, naar de gelijknamige roman van Simon Vestdijk (NCRV-televisie)

1975 *Klaaglied om Agnes*, naar de gelijknamige roman van Marnix Gijsen (NCRV-/BRT-televisie)

1976 *Van huis uit* (proza), Leopold

1977 *Jan Rap en z'n maat* (proza), Ambo, Baarn

1977 *Jan Rap en z'n maat* (toneel), De Theaterunie, Bussum

1979 *Keuls potje* (proza), Leopold

1980 *Keulsiefjes* (proza), Leopold

1980 *De moeder van David S., geboren* 3 juli 1959 (proza), Ambo

1981 *Kleine muizen en Regenwormen: twee eenakters* (toneel), Ambo

1981 *Jan Rap en z'n maat* (Veronica-televisie)

1982 *Kleine muizen* (NCRV-televisie)

1982 *Vertel me iets nieuws over de regenwormen* (NCRV-televisie), (remake)

1982 *De moeder van David S.* (NCRV-televisie)

1982 *Het verrotte leven van Floortje Bloem* (proza), Ambo

1983 *Negenennegentig keer Yvonne Keuls* (proza), Leopold

1983 *Achtennegentig keer Yvonne Keuls* (proza), Leopold

1983 *Waar is mijn toddeltje* (proza, kinderboek), Leopold

1984 *De hangmat van Miepie Papoen* (proza, kinderboek), Leopold

1985 *Het welles nietes boek* (proza, kinderboek), Leopold

1985 *Annie Berber en het verdriet van een tedere crimineel* (proza), Ambo

1985 *Jan Rap en z'n maat* (toneel), in nieuwe bezetting

1986 *De arrogantie van de macht* (proza), Ambo

1986 *De moeder van David S.* (toneel)

1988 *Daniël Maandag* (proza), Ambo

1988 *Het verrotte leven van Floortje Bloem* (toneel)

1989 *Jan Rap en z'n maat* (film), Riverside Pictures

1990 *De tocht van het kind* (proza), Ambo

1990 *Dochterlief* (proza), Novella

1991 *Alwientje* (proza), Novella

1991 *Indische tantes* (proza + cassette), Novella

1992 *Meneer en mevrouw zijn gek* (proza), Ambo

1993 *Die kat van dat mens* (proza), Novella

1993 *Meneer Fris en andere mannen* (proza), Novella

1994 *Slepend huwelijksgeluk* (proza), Novella

1994 *Daniël Maandag & De tocht van het kind* (proza), Ambo

1995 *Voorzichtig, voorzichtig* (proza), Novella

1995 *Lowietjes smartegeld of: Het gebit van mijn moeder* (proza), Ambo

1996 *Keulsiefjes* (proza), Ambo

1999 *Mevrouw mijn moeder* (proza), Ambo, Amsterdam

1999 *Dochters* (proza), Ambo

1999 *Het verrotte leven van Floortje Bloem* (proza), Flamingo, Amsterdam

1999 *De moeder van David S.* (proza), Flamingo

Prijzen

1967 Mr. H.G. van der Vies-prijs voor *Onbegonnen werk* (televisie)

1978 Prijs der Kritiek van de Nederlandse theatercritici voor *Jan Rap en z'n maat* (toneel)

1979 Het Zilveren Jongeren Paspoort voor *Jan Rap en z'n maat* (toneel)

1992 De 'Floortje Bloem Prijs' voor *Meneer en Mevrouw zijn gek* (proza)

1999 Trouw Publieksprijs voor *Mevrouw mijn moeder* (proza)